KB076419

박쥐 각본

박쥐 각본

정서경 박찬욱

그책

작가의 말

2003년에 박찬욱 감독님을 처음 만났을 때 그분은, 제일 먼저 〈박쥐〉를 쓰자고 하시며 A4 2장 정도의 시놉시스를 주셨다. 전체적인 내용은 현재 완성된 영화와 사뭇 다르지만 가장 중요한 동기—경건하고 헌신적인 신부가 본의 아니게 뱀파이어가 되면서 존재론적인 고민에 휩싸인다—가 같고 무엇보다 가장 결정적인 장면이 거의 비슷한 형태로 들어 있었다. 상현의 피가 태주에게로 흘러 그녀가 뱀파이어로 새로 태어나는 장면 말이다. 나는 이 영화에 흐르는 분위기와 정념들에 금방 전염되었지만 딱 한 가지, 뱀파이어가 된 신부의 원초적인 죄의식에는 근본적으로 동의가 잘 안 됐던 것 같다. 나의 그런 기분은 태주의 대사와 태도에 잘 나타나 있다. 당시엔 내가 감독님보다 죄의식을 덜 느끼는 인간이라고 생각했는데 지금 생각해보면 자신의 존재 자체가 다른 사람들에게 미치는 파괴적이고 치명적인 영향에 대한 통찰이 부족했던 것 같다. 그리고 그러한 감각은 나이가 들고 여러 가지 경험이 쌓이면서 생겨나는게 아닌가 싶다.

〈박쥐〉는 내가 참여한 다른 어떤 각본 작업보다 감독님이 먼저 시작하고 감독님이 완결하신 작품이다. 영화가 끝나고 나서 외적인 결과와 상관없이 감독님이 흔들리는 모습을 보았다. 이 영화에 가장 많은 감독님의 살과 피가 들어 있는 것 같다는 생각을 그때 했다. 자기 삶의 재료로 작품을 만드는 예술가로서 감독님께 경외심을 느낀 몇 안 되는 순간 중 하나였다. 그 이후로 나는 감독님의 부탁을 잘 거절하지 못하게 되었는데 아마도 이 영화를 통해 감독님께 독성의 피를 조금 빚진 기분을 느꼈기 때문일 것이다.

정서경

작가의 말

어려서는 일요일마다 미사에 갔다. 사제가 포도주잔을 치켜들고 예수의 말을 인용했다. "이는 내 피의 잔이니, 너희와 모든 이의 죄 사함을 위하여 흘릴 피니라. 너희는 이 예식을 행함으로써 나를 기념하라."

신자들에게는 예수의 살을 상징하는 밀떡만 먹이고 자기 혼자 술까지 마시는 신부님을 우러러보던 열다섯 살 소년의 머릿속에서는 신앙심 대신 '천주교 신부=흡혈귀'의 상상만 커져갔다.

'너희는 이 예식을 행함으로써 나를 기념하라'는 표현에도 나는 매료되었다. 때로 인간적이어서 친근감 느껴졌던 예수가 이런 순간에는 너무나 거만하고 위엄 있는, 그야말로 신적인 존재로 느껴지는 것이었다. 압도되는 기분이었다. 이때 복사들이 종을 흔들어 울린다든가 사제가 잔을 치켜든다든가 하는 식의 연극적 제스처가 동반되는데 그 순간 관객, 아니 신자들의 이목을 집중시키는 힘은 대단했다.

그 시절 성당에는 '상본'이라고 부르는 작은 카드들이 흔했다. 성인 성녀의 도상이 인쇄된 그 빳빳한 종이를 우리 삼남매는 상당한 열정을 가지고 수집했는데 그 그림이 대개 지오토나 수르바란 따위의 거장들 작품한 부분을 확대한 것이어서 내가 서양미술사 공부는 그때 다 했지 싶다. 그런데 이를 어쩌나, 그 많은 그림 중에 어린 내 맘을 사로잡은 건 대개 순교의 이미지였으니. 십자가형은 기본이지만 거기 매다는 방법은 참 가지가지였고, 바퀴에 묶어 굴린다거나 산 채로 피부를 벗긴다거나 사자밥을 만든다거나 벌거벗겨놓고 사방에서 화살을 쏘아 고슴도치처럼 만드는 등 다종다양한 고문과 처형 기법들. 교회의 의도와는 달리 내 관심은 그 상상을 초월하는 고통마저 이겨내는 순교자들의 신앙보다는 그토록 잔인한 일을 벌이는 박해자의 악마적 내면을 상상해보는 쪽으로 자꾸 기울어지곤 했다. 내 영화에 폭력 장면이 강하고 많은 데 대해 나를 비난하지 말아주기 바란다.

6

어른 된 후로 일관되게 무신론자로 지내왔지만 이렇듯 청소년기에 드리워졌던 천주교의 그림자는 내 영화에 무시 못할 영향을 주었다. 성서는 비유로 가득한 문학이었고, 사제가 미사 때 입는 제의부터 십자고상에 이르기까지 성당은 구석구석 의미 있는 이미지로 가득 차 있었다. 성가 중에는 바흐의 것을 비롯해 아름다운 멜로디가 많았다. 그뿐인가, 미사는 언제나 하나의 무대극이었다. 정교하게 짜인 희곡에 의한 드라마였다. 종교에도 좋은 면이 있다면 아마 이런 것, 즉 예술에의 공헌이리라. 훗날 동생과 함께 단편영화 〈파란만장〉을 만들면서 우리나라 무속의 세계를 조금 엿보았는데 그쪽 사정도 똑같았다. 지극히 순도 높은 문학과 미술과 음악과 연극과 무용이, 고도의 상징체계가 거기 있었다. 어떤 종교들의 의식은 확실히 종합예술이다. 그런데 종합예술 하면 또 영화 아닌가.

〈박쥐〉에는 이런 내 어린 시절 내면의 경험이 담겨 있다. 제도화된 종교를 더는 존경하지 않지만 어떤 종교인들은 지금도 충분히 존경한다. 천주교 신부가 주인공인 이 영화로 나는 —비록 그가 흡혈귀가 됐어도, 아니 흡혈귀가 됐기 때문에 더욱— 내가 아는 몇몇 경건한 신부님들을 향한 내 존경심을 표현하려고 했다.

박찬욱

차례

박쥐 각본

1. 병원 효성 입원실 (낮)

상아색 페인트가 군데군데 벗겨진 벽과 문짝에 나뭇가지 그림자 어른거린다. 문 열리고 상현 들어선다. 간호사1, 안도의 한숨을 쉰다. 땀을 뻘뻘 흘리며 누운 중년 남자 효성, 기진맥진한 눈으로 상현을 본다.

효성
(손으로 크기를 가늠해 보이며)
거의 이만....
(상현을 의식하고 좀 더 크게 잡아)
....이만했어요.
노오랗고 구멍도 숭숭 나고 어찌나 맛있어 보이는지,
그걸 품에 넣고 다니는데....
(마치 눈에 보이는 광경을 묘사하듯 생생하게)
길에 여자애가 동생을 업고 앉은 거예요,
딱 보니까 밥을 못 먹었더라구요.
얼굴이 뇌랗고 동생도 축 처져서 울지도 않고....
그래서 딴 데 가서 먹으려고 딴 데로 가다가....
가다가....가서 줘버렸어요.
하루 종일 품에 넣고 다녔으니까 그게 또 따뜻하잖아요?
제가 언제 또 그런 카스테라를 보게 될지 모르는데....
정신없이 먹더라구요, 동생 입에도 막 찔러 넣고....
....그걸 하느님이 기억하실라나요, 삼십 년 전 일인데?

상현
그럼요, 기억은 그분 장기예요.

효성
(얼굴이 좀 밝아져서 간호사1을 올려다보며)
현신부님이 그렇다면 그런 거지 뭐, 안 그래?

간호사1
(존경심 담긴 눈으로 상현을 보며)
그럼요.

효성
그때 그 피리 불어주신 노래요, 그거 한 번만 더 들을 수 있을라나요?

2. 복도 (낮)

잰걸음으로 가는 상현, 요란하게 울리는 구둣발 소리.

3. 소성당 제의실 (낮)

보면대에 악보와 리코더. 상현, 서둘러 들어와 리코더 들고 나간다.

4. 복도 (낮)

리코더 들고 바쁘게 걸어가는 상현.

5. 효성 입원실 (낮)

상아빛 벽과 문짝에 어린 나무그림자. 효성의 기침 소리 요란하다. 문 열고 들어서자마자 기겁해서 달려드는 상현, 몸을 비틀며 고통스러워하는 효성을 붙든다. 갑자기 움직임을 멈추는 효성, 겨우 숨만 쉰다. 바이탈 사인 급격히 느려진다. 긴급호출 버튼을 누른 간호사1, 안구 반응을 살피고 혈압을 잰다. 심폐 소생술을 실시하는 상현, 필사적이다. 한참만에 구박사 도착한다. 의사의 침착한 응급조치를 지켜보다 눈을 감고 중얼중얼 기도하는 상현의 초조한 낯빛.

유간호사

(소리)

암만 기도하면 뭐해요, 무슨 응답이 없는데?

6. 소성당 (낮)

사제복에 영대를 걸치고 비좁은 목제 고해소의 의자에 앉은 상현, 팔로 얼굴을 괴고 한쪽으로 몸을 돌렸다. 칸막이 너머로 보이는 유간호사, 뚱 한 표정이다.

유간호사

모습을 봬주시든가 목소리나,

하다 못해 무슨 신호라도 보여주면 왜 안 돼요?

상현

(양 손바닥으로 뺨을 비비며 아주 심각한 표정으로, 말을 끊으며)

신하고 직접 소통하고 싶어 하는 이들은 자기혐오에 빠지기 쉽고

저도 모르게 불행을 경애하는 성향이 있기 때문에

악마가 잘 파고들지요.

성 브루노 말씀대로 자살은 '사탄을 위한 순교'거든.

살인 중에서도 제일 죄질이 나빠요....무기징역감이야, 지옥에서.

(픽 웃는 유간호사)

성모송 스무 번 드리고 햇볕을 많이 쬐고 찬물로 샤워하세요.

과학의 이름으로 베푸시는 신의 도움을 받으세요.

의사 상담하고 항우울증약을 먹어요,

자살 생각은 제발 고만하고 그리구....

떠난 놈은 잊어요.

(눈 내리깔고 고집스럽게 입 다문 유간호사를 향해 재촉하듯)

....그렇게 한다고 약속하세요.

유간호사

신부님....남자 문제나 세상일은 제가 알아서 할 테니까
신부님은 그냥 기도나 해주세요.

무력하게, 허공에 떠도는 먼지나 보는 상현.

7. 수도원 정원 (저녁)

휠체어에 앉은 노신부, 앞 못 보는 두 눈의 동공이 흐리다. 휠체어를 밀
면서 이야기하는 상현.

상현

아프리카 갈 수 있게 말씀 좀 해주세요, 원장님께.

노신부

('또!'나는 표정, 탄식하며)
바티칸에서 인정한 실험이 아니라고 들었습니다.

상현

사라씨가 월요일에 죽었어요, 수술을 여덟 번이나 했는데.
어제는 효성씨가 코마에 들어갔고요.
이렇게 자꾸 보내기만 하자니 괴로워 죽겠습니다.

노신부

그 연구소에서 무슨 일이 일어나는지 아는 사람이 없어요.

상현

사람 살리는 일을 하고 싶습니다.

노신부

그러게 의사나 될 것이지

왜 신부는 돼 가지고 날 이렇게 못살게 구세요....

(손을 펴서 자기 가슴께 올리며)

요만할 때부터 내가 의대 가시라구 그랬잖아요....

안과 가 가지구 내 눈두 좀 봐주구 그랬으면 좀 좋니?

상현

신부님, 아프리카에....

노신부

야야, 잡담 고만하고 사죄경 드리자.

(거의 자동으로, 재빨리 휠체어 앞으로 와 무릎 꿇고 앉는 상현.

노신부, 투덜투덜 혼잣말)

....고백성사 하랬더니 웬....

(상현 머리 위에 오른손을 펴들고, 엄숙하게)

인자하신 하느님 아버지, 성자의 죽음과 부활로 세상을 구원하시고....

뭔가 딴생각에 몰두한 상현, 노신부 기도는 전혀 안 듣는 눈치다.

8. 비행기 (낮)

창가에 앉은 상현, 엽서를 쓴다. 테이블에 이미 쓴 엽서들이 쌓였다. 기체가 크게 선회하는지 창으로 들어오는 햇빛의 방향이 눈에 띄게 움직인다.

상현

(소리)

환우 여러분께 제대로 인사 못 드리고 떠나 죄송합니다.

하도 갑자기 받은 휴가라 정신없었어요, 이것저것 산더미같이 챙겼죠.

9. 엠마누엘 연구소 앞 (낮)

흙으로 짓고 희게 회칠한 낮은 건물. 달랑 스포츠백 하나 들고 정문 앞에 선 상현.

상현

(소리)

....교구에서 준비해준 호텔이 워낙 고급이라
몸만 가면 된다고들 합니다만.
하하, 이럴 땐 정말 신부되길 잘했다는 생각이 드네요.

10. 소장실 (낮)

허름한 방, 역시 신부인 흑인 연구소장과 마주 앉은 상현. 삼발이에 세워놓은 캠코더, 상현을 찍는다. 소장, 사진들을 책상 위에 차례로 내려놓는다. 손과 발끝이 괴사되고 눈과 입가에 수포가 생긴 환자들, 피를 토하며 죽어가는 환자들, 검푸르게 변색한 참혹한 사체들. 불어 악센트의 영어로, 책 읽듯 빠르고 냉정하게 말하는 소장.

소장

이브, 즉 엠마누엘 바이러스 감염에 의한 증상은....
처음엔 사지의 끝에 수포가 형성되기 시작해서
입술, 눈꺼풀, 콧속까지 퍼지고
호흡기와 소화기의 관을 타고 점점 몸의 중심부로 향합니다.
수포들은 서로 뭉치고 크기가 커져서 터지는데
이 병변이 근육층에 형성되면 큰 궤양이 생겨 여기저기 출혈을 하고
내장에까지 이르면 다량의 토혈을 하다가 결국 출혈과다로 사망합니다.
치료약이 없으니 실험 과정에서 감염이 되면 속수무책이지요.
자, 아까 같은 판에 박힌 소리 말고....
정말 무슨 목적으로 이 실험에 자원했습니까?
간혹 기도가 무력해졌다고 느끼는 분들이

'소극적인 자살'의 방편으로 여기 오기도 하는데,
저희로서는 정말 맥 빠지는 일입니다.
본디 심리적인 차원에서 순교와 자살을 구별하기란 어렵습니다만.
당신은 물론 그런 분이 아니겠죠? 정말 괜찮겠습니까?
카메라를 보고 말해주세요.

액정 화면에 비친 상현, 캠코더를 향해 시선을 돌린다.

11. 입원실 (낮)

넓은 입원실. 나란히 놓인 수십 개의 침대에 누운 참가자들, 백인 아니면 아시아인이다. 침대마다 모기장. 흑인 수녀를 따라 자기 침대로 가는 상현. 영어 설명이 이어진다.

                        수녀
엠마누엘 신부님이 바이러스를 분리한 후
지금까지 육백 명의 희생자 중에 아프리칸은 없습니다.
백 퍼센트 백인과 아시안이고요,
그중 팔십 퍼센트 이상이 선교사, 즉 독신 남성들이었어요.
그래서 여기 사람들은 이 병을 '바지라의 저주'라고들 하지요,
바지라는 과부들의 신이에요.
먼저 저희가 개발한 백신을 투여하고
비활성 상태의 이브를 몸에 넣습니다.
그다음 백신이 제대로 작동하는지 관찰하는 겁니다.
걱정 마세요, 이분들 지금 아픈 게 아닙니다. 낮잠 시간이에요.

잠시 후 -
침대 옆 탁자에 놓인 소지품들. 손때 묻은 리코더와 성서와 묵주, 기둥에 묶인 채 수십 개의 화살을 맞고 죽어가는 세바스챤 성인의 상본. 무릎 꿇고 앉아 기도하는 상현. 다른 피험자들은 깊이 잠들었는지 미동도 없다.

상현

(소리)

주 예수 그리스도의 이름으로 저에게 다음과 같은 것을 허락하소서.
살이 썩어가는 나환자처럼 모두가 저를 피하게 하시고
사지가 절단된 환자와 같이 몸을 마음대로 움직일 수 없게 하시고
두 뺨을 떼어내어 그 위로 눈물이 흐를 수 없도록 하시고
입술과 혀를 짓찧으시어 그것으로 죄를 짓지 못하게 하시며
손톱과 발톱을 뽑아내어 아주 작은 것도 움켜쥘 수 없고....

12. 무균실 (낮)

환자복을 입고 멍하니 앉은 상현. 흑인 의료진 들어와 소독을 하고 백신과 바이러스를 차례로 주사한다. 몸에 검사 기기들을 연결한다. 다 나가고 홀로된 상현, 기도한다.

상현

(소리)

....어깨와 등뼈가 굽어져 어떤 짐도 질 수 없게 하소서.
머리에 종양이 든 환자처럼 올바른 지력을 갖지 못하게 하시고
영원히 순결에 바쳐진 부분을 능욕하여
어떤 자부심도 갖지 못하게 하시며
저를 치욕 속에 있게 하소서.
아무도 저를 위해 기도하지 못하게 하시고
다만 주 예수 그리스도의 자비만이 저를 불쌍히 여기도록 하소서.

13. 마당 (낮)

쨍쨍한 햇빛을 받으며 웃통 벗고 배구하는 피험자들, 땀 흘리는 모습이 건강해 보인다. 구릿빛 피부의 상현 역시 돌고래처럼 미끈하다. 상현의 음성 계속.

상현

벌써 한 달이나 지났네요.

14. 무균실 (낮)

침대 곁 작은 책상 앞에 앉아 편지 쓰는 상현, 해맑은 얼굴. 음성 계속.

상현

창밖 풍경이 어찌나 아름다운지
하루 종일 내다보아도 티브이보다 재밌습니다.
(다음 말을 생각하느라 고개 들어,
창은커녕 코앞에 딱 막힌 회벽을 마주보고)
호텔 여주인이 제가 미남이라면서 제일 좋은 뷰가 있는 방을 줬거든요.
덕택에 저는 피부가 많이 타서 껍질이 다 벗겨질 정도....

문득 펜을 놓고 손을 펴보는 상현, 이미 손가락 끝이 썩어 문드러졌고 손톱이 다 빠질락 말락 한다. 툭 건드리자 손톱 하나가 떨어진다. 고개 들면, 온통 수포에 덮인 얼굴. 리코더를 꺼내 연주하기 시작하는 상현, 소박한 멜로디. 긴 음을 내느라 볼이 불룩하고 얼굴이 시뻘게진다. 갑자기 기침하듯 한 번에 엄청난 양의 피를 토한다. 리코더의 손가락으로 막지 않은 구멍마다 피가 솟구친다. 악기 아래쪽 구멍으로 줄줄 흐른다. 픽 쓰러지는 상현, 코와 귀에서도 피가 흘러나온다. 귀 뒤에서 뛰는 맥박이 점점 느려지더니 멈춘다.

15. 수술실 (낮)

아이스박스에 든 혈액 팩, 재빨리 의료진의 손에서 손으로 건네져 스탠드에 걸린다. 혈액 데이터가 적힌 스티커, 튜브를 통해 상현의 정맥으로 흘러들어가는 피. 둥그렇게 둘러싼 의료진, 전원 흑인이다. 바이탈사인 급속히 느려지다 멈춘다, 심폐 소생술도 소용없다. 사망 선언을 하려는

순간 한국어로 기도하는 낮은 목소리 들린다. 의료진, 깜짝 놀라 보면
바이탈사인 서서히 돌아오고 가늘게 눈을 뜬 상현, 계속 기도문을 왼다.
희미하지만 중얼중얼.

상현
주 예수 그리스도의 이름으로 저에게 다음과 같은 것을 허락하소서.
살이 썩어가는 나환자처럼 모두가 저를 피하게 하시고
사지가 절단된 환자와 같이 몸을 마음대로 움직일 수 없게 하시고
두 뺨을 떼어내어 그 위로 눈물이 흐를 수 없도록 하시고....

모두들 얼어붙은 가운데 페이드아웃.

16. 수도원 앞 (새벽)

안개 낀 풍경에 자막 - 6개월 후. 푸른 실루엣으로 보이는 사람들, 발을
동동 구르며 섰다. 한 처녀가 세워든 장대, 끝에 높이 십자고상이 달렸
는데 예수 몸에 온통 붕대가 감겼다. 어떤 노인은 "'상처 입은 치유자'여,
저희를 위하여 빌으소서"라고 적힌 판자를 머리 높이 들었다. 대문 열리
고 상현 나오자 우르르 달려든다. 상현 얼굴과 손에도 붕대가 칭칭. 주
차된 소형차에 오르려는 상현을 에워싸는 사람들, 휠체어 탄 이도 있다.

기적신봉자1
신부님, 기도 좀 해주세요!

기적신봉자2
손 한 번만 잡아주세요!

기적신봉자3
딸아이가 다섯 살인데 백혈병이에요!

차에 올라타긴 했지만, 울음을 터뜨리는 사람과 어떻게든 옷자락이라도 잡아보려는 사람들이 막아서서 지나갈 수가 없다. 정문에서 건장한 수사 하나가 나와 길을 터준다. 운전하면서 룸미러를 보는 상현, 애처롭게 따라오는 사람들.

17. 병원 소성당 (낮)

고백성사 보는 구박사. 붕대 감은 상현, 목에 영대를 걸쳤다.

구박사

한 삼 개월 정도로 봤어요, 워낙 말기에 진단이 돼서....
모르핀도 주고 거짓말도 좀 해가면서 어영부영 넘기게 해주는 거죠.
근데 이분이 말이 좀 많았잖아요.
아파서 울부짖으면서도 뭐가 어떻고 카스테라가 어떻고
뭐 어쩌나 할 말은 다 하시는지
한 달 정도 지나니까 우리 형보다 더 자세히 알게 되드라니깐요.
하루는 큰 수술 마치고 당직실에 자고 있는데
이머전시 콜이 들어왔어요.
그런 생각이 들더라구요....조금만 더 천천히
걸어가자....천천히....조금만 더....
어차피 지금 가셔도 한 이 개월 먼저 가는 건데
효성씨만 없어도 의사 생활 좀 더 할 만할 것 같고....
그렇게 되도록 천천히 가보니까
저산소증 뇌 손상으로 벌써 조용해진 상태더라구요.
그 상태로 지금 일 년이에요....아직도 제 담당인데, 볼 때마다 마음이....

적당한 어휘를 찾느라 뜸 들이는 구박사. 상현, 예사로운 목소리를 내려고 노력하며 슬쩍 떠본다.

상현

마음이 많이 아픈가요?

구박사

아프다기보다는....불편하죠, 마음이.

이 개월 먼저 보내려다가 일 년을 더 보고 있으니....

살아 있다는 게 기적인데....

사람들은 신부님이 기도해주셔서 그렇다고 하지만....

태연한 얼굴로 주절주절 말하는 구박사. 분을 참으며 눈을 꾹 감는 상현.

18. 구박사 진료실 (낮)

붕대를 푸는 상현, 수포로 덮인 얼굴이 드러난다. 아프리카에서처럼 심하지는 않다.

구박사

피부과에서도 좋아하겠는데요?

(검사 결과를 기록한 서류를 들여다보며)

모든 수치로 봐서 호전되는 속도가 점점 빨라지구 있어요.

....기적을 일으킨 기분이 어떠세요?

상현

이상하게 예민해지네요, 소리하구 냄새에.

그러니까 머리가 어지럽구 속이 자꾸 메스꺼워요.

구박사

그건 이브하구는 상관없는 증상이고....임신 같은데요?

낄낄대는 구박사.

19. 제의실 (낮)

무슨 축일 미사를 준비하는지 화려한 제의를 입는 상현, 복사가 입혀주기 쉬우라고 몸을 이리저리 돌려준다. 구석에 앉은 노신부, 귀에 잔을 바싹 갖다 대고 와인을 따른다. 별일 아니라는 투로 툭툭 던지듯 말 거는 노신부.

노신부
사람들이 '붕대 감은 성자' 운운하면서 기도를 청하러 온다구요?

상현
어쩌다 그런 헛소문이 났는지, 참....
(잠깐 입 다물었다가 작은 소리로 우물우물)
....치유됐다는 분도 있긴 합니다만....

노신부
심리적인 효과가 있을 수도.
오십 명 지원자들 중에 혼자 살아남은 분이시니....그죠?

동작을 잠시 멈추고 노신부를 지긋이 내려다보는 상현.

20. 병원 식당 (낮)

어린이 환자들을 모아놓고 마술을 보여주는 상현, 카드를 잡고 두 팔을 쫙 벌렸다 모은다. 한 장도 안 떨어진다. 얼굴도 이제 정말 많이 좋아졌는지 붕대는 풀고 군데군데 거즈만 붙였다. 창밖 멀리서 정원을 가로질러 잰걸음으로 다가오는 라여사 보인다. 앞에 와 서더니 창을 드르륵 연다. 본격적으로 마술 쇼를 시작하려다 깜짝 놀라는 상현, 그만 카드를 놓치고 만다. 아코디언처럼 다 연결된 트릭카드였음이 들통난다.

라여사

오백 명 중에 살아난 신부님이세요?

....저희 애가 암에 걸렸어요, 기도 좀 해주세요.

상현

(울상이 되어 카드를 주우며)

그냥 심리적인 효과예요. 저한테 이러시면 안 돼요.

물러날 생각을 않는 라여사의 고집스러운 얼굴.

21. 강우 입원실 (낮)

침대에 앉은 강우, 태주가 주는 물약을 완강하게 거부한다. 자기가 한 숟가락 먹고 다시 떠서 들이대는 태주. 감은 지 일주일은 돼 보이는 머리에 화장기 없이 푸석푸석한 얼굴, 몰취미한 옷차림, 반쯤 감겨 생기라고는 찾아볼 수 없는 눈, 굳게 다문 입술. 상현을 대동한 라여사 들어선다. 강우, 얼굴을 찌푸리면서 TV 리모컨을 눌러서 보여준다.

강우

구 번이 안 나와, 엄마.

라여사

기도하자, 애들아.

부산스럽게 침대와 주변을 치우기 시작하는 라여사, 숟가락을 든 채 상현을 유심히 보는 태주. 그녀가 보는 방향을 따라 시선을 옮겨 상현을 발견하는 강우, 역시 뚫어지게 얼굴을 뜯어본다.

강우

혹시....부산 살지 않으셨어요?

상현, 놀라 돌아본다. 환자들을 비롯해 모두 상현을 본다. 정적.

잠시 후 -
무릎 꿇고 앉아 기도하는 일동. 태주, 멍하니 기도를 듣고 있다가 "주님
의 어린 양 이강우에게...." 운운하는 부분에서 보일 듯 말 듯 실소한다.
경멸하는 기색이 역력하다. 기도를 마치고 일어나는 일동.

강우
(인심 썼다는 듯)
원래 이런 거 안 믿는데, 친구가 기도해준다니까 한 거야.

라여사
(식혜 캔을 따서 상현에게 내밀며)
인제 보니까 알겠다, 야.
나 좀 봐, 신부님한테! 죄송합니다, 신부님.
....우리 집에서 라면도 먹고 가고 그러셨잖아.
오 학년 때였지? 성당 고아원 계시고, 그죠?
우리 강우가 맘이 착해서 고아원 친구들두 똑같이 대해줬잖아, 그죠?

어색하게 웃으며 고개 끄덕이는 상현, 화제를 돌리려고 생각하다가 무
관심하게 TV만 보는 태주를 발견한다.

상현
놀러 가면 동생이 부끄럼 타서 막 뛰어 나가고 그랬는데....
(천천히 고개를 돌려 항의하듯 상현을 보는 태주에게)
왜 - 발에 굳은살 박여 가지고....
강우가 동생 발바닥 딱딱한 거 만져 보라고 그러고 그랬는데....

27

난처한 듯 웃으며 엄마와 시선을 교환하는 강우. 못 들은 척 손을 재게 놀려 강우 옷가지를 정리하는 태주, 사람들에게 등 돌리고 찡그린다. 기괴하게 일그러지는 얼굴. 라여사, 작은 소리로 상현에게 이야기를 들려주기 시작한다.

라여사

애네 부모가 우리 작은 방에 세 살았는데요....
(중요한 정보를 귀띔하듯 소곤소곤)
남자가 공고를 나왔어....

22. 소성당 (아침)

무감각한 표정의 유간호사와 구박사를 비롯해 환자와 의료진 대여섯 명만 앉은 썰렁한 실내. 포도주가 든 성작을 치켜들고 미사 집전하는 상현, 기계적으로 통상문을 외며 물끄러미 창밖을 본다. 눈송이가 날린다.

라여사

(소리)
....근데 어느 봄눈 오던 날
잠깐 갔다 온다고 애를 우리 방에 재우더니....

23. 제의실 (아침)

제의를 벗으며 거울을 보는 상현, 가까이 가 거즈를 떼어본다. 거의 다 나았다. 조금 웃는다.

라여사

(소리)
....안 오는 거야, 영영....그래서 내가 그 세 살배기 가시나를....

24. [행복한복] 앞 (밤)

한복 입고 손 맞잡은 사내아이와 엄마의 마네킹. 한복집 쇼윈도를 들여다보는 상현, 깨끗한 피부. 불은 켜졌지만 안에 아무도 없다. 2층 가정집을 올려다본다. 남인수 노래 [고향 그림자]가 희미하게 들려온다.

> ### 라여사
> (소리)
> ....딸처럼, 강아지처럼 키웠잖아요. 재두 나한테 '엄마엄마' 하고.

25. 부엌 (밤)

노래 계속. 입 꼭 다물고 꾹꾹 눌러 김밥 마는 태주, 과일 깎는 라여사. 찻잔 든 상현, 태주를 흘끔흘끔 곁눈질.

> ### 라여사
> ....지금은 강우 처예요.
> (우습다는 듯 깔깔 웃으며)
> 결혼한다고 별거 있나, 뭐.
> 내 방에 같이 자다가 이제 강우 방 가서 자요.

마치 거기 없는 사람 얘기하듯 하는 라여사, 태주 눈치를 살피는 상현. 김밥 마는 발을 툭 놓으며 말을 끊는 태주.

> ### 태주
> (눈 깔고 담담하게)
> ....김이요, 엄마....또 거기서 사셨죠....
> 거기 김 자꾸 찢어지구, 그 아저씨 아주 개새끼라구
> 제가 말씀드렸잖아요....

깜짝 놀라 태주를 다시 보는 상현. 못 들은 척 딴청 피우는 라여사, 태주

옆으로 내려가 앉아 김밥을 썬다. 김밥 하나를 집어 들고 손짓으로 상현을 부르는 라여사. 하는 수 없이 다가가는 상현, 태주 옆에 엉거주춤 무릎 꿇고 입을 벌려 받아먹으려다가 갑자기 고개 돌리고 헛구역질을 해댄다. 놀라는 여자들.

라여사
(손에 든 김밥을 보며)
그렇게 싫어?

상현
그게 아니라, 요즘 냄새에 예민해져서....
갑자기 피비린내 같은 게 훅 끼치는 바람에....

얼굴이 빨개져서 벌떡 일어나는 태주, 복도로 재빨리 사라진다.

26. 화장실 (밤)

거울로 된 약장 문을 여는 태주, 생리대를 꺼낸다. 계단 올라오는 발소리 들린다.

강우
(코맹맹이 소리로)
엄마, 나 감긴가봐....와, 상현이 일찍 왔네!

27. 부엌 (밤)

강우가, 늙수그레한 영두와 공주처럼 예쁘게 꾸민 이블린 부부를 데리고 와 상현과 인사시킨다.

강우

(영두 부부에게)

내 친구 신부님.

여기는 우리 댐 환경과장님하구 사모님.

영두

(얘기를 익히 들은 듯 반갑게 손을 내밀며, 조금 과할 정도로 굽실굽실)

영광입니다. 김영둡니다.

(자랑스러워하는 태도로 아내의 팔을 잡으며)

필리핀이라 가톨릭이에요.

(상현 쪽으로 밀며)

이블린....이블린, 인사.

이블린, 상현 손등에 입 맞춘다. 놀라는 사람들, 영두가 껄껄 웃기 시작
하자 다들 함께 웃는다. 태주, 화장실에서 나오고 동시에 승대가 계단을
올라온다. 유난히 반색하는 라여사, 무슨 높은 사람이라도 나타난 듯 호
들갑을 떤다.

라여사

아이고, 우리 서장님 오시네!

승대

(손사래 치며)

아이구, 면구스럽게 자꾸....경찰 관둔 지 언젠데.

강우

경비과장님이셔, 이쪽은 현상현 신부요.

영두

낚시 좋아하세요, 낚시?

이 냥반한테 잘 보이면 원 없이 할 수 있어요,
댐에선 원래 낚시가 안 되는데....

승대
낮엔 좀 그렇고....밤에 오세요, 밤에.
(김밥과 과일 접시, 술과 잔들이 차려진 식탁 주위에 앉는 사람들.
보라색 벨벳 천 위에 가지런히 놓인 마작 패.
강우 입에 김밥을 넣어주는 라여사,
이블린 앞치마의 리본을 묶어주는 태주.
승대, 요란하게 마작 패를 쫙 펼쳐 섞으며)
우리나라 사람들은 마작 좋은 걸 몰라서 말이야....신부님은 하실라나?

상현
아직 못 배웠습니다.

잠시 후 -
턴테이블에 돌아가는 LP판, 이난영의 [선창에 울러왔다] 흐른다. 식탁
아래 마작 멤버들의 발, 푹신푹신한 펠트 천으로 만든 실내화들을 신었
다. 더운지 술이 올랐는지 얼굴들이 벌겋다. 목에는 스카프를 두르고
무릎에는 핫백을 올려놓은 채 연신 코를 훌쩍거리는 강우, 이난영이 탄
식조로 '생각을 말아야지....' 할 적마다 따라한다. 남자들과 라여사, 패를
나눈다. 식탁 옆에 앉은뱅이 밥상을 놓고 마주 앉아 묵묵히 김밥을 마는
태주와 이블린, 높이 차이 때문에 하녀들 같아 보인다. 자기가 알아서
찬장에서 그릇도 꺼내오는 등, 이블린은 이 집에 한두 번 드나든 게 아닌
눈치다. 남들 다 와인 마시는데 혼자만 보드카를 홀짝이는 라여사, 벌써
좀 취했다.

라여사
우리 신부님 기도해주신 얘기, 내가 했던가?
(아무도 대답이 없자, 자기 오른편을 가리켜 보이며)

내가 신부님이랑 이렇게 옆에 앉아 있었거든요.
근데 여기 정수리에서부터 뜨끈한 기운이 내려오더니
손끝이며 발끝이며 막 저릿저릿하는 거야,
누가 막 바늘로 찌르는 것처럼.
(이미 들은 얘기인 듯, "어-", "저런" 하고 건성으로 반응하며
마작에 열중하는 사람들.
라여사, 명치끝을 누르며)
그때 얘가 그러더라구, 엄마 나 여기가 뜨거워.
(뜸 들이느라고 술잔을 쫙 비우더니, 자못 선언조로)
.....그러구 나서 종양이 없어졌잖아요.

상현

(혼자 놀라)
종양이 없어져요?

강우

(제 패만 들여다보며, 무성의하게)
엄마 원래 저릿저릿하잖아, 혈압 때문에.
혹시나 해서 조직검사 해봤는데 만성 위염으로 나온 거야.

라여사

(상현이 약간 실망하는 기색을 눈치채고 항변)
처음 내시경 했을 때 분명히 '식도 종양'이라구 써 있었잖아!

승대

여자는 수면내시경 하면 안 돼, 의사들이 몰래 성추행하거든.
(패를 맞추어 넣고)
났어요! 당요에 삼상꼬!

느끼하게 태주를 보며 킬킬대는 승대, 샐쭉해지는 라여사. 다들 패를 모

아 섞는다. 승대 시선을 외면하는 태주. 허탈한 표정으로 손부채 부치
는 영두.

영두

여사님, 보일러 좀 줄이면 안 될라나요?

강우

(코를 훌쩍이며)

추워요.

라여사

(태주를 향해 신경질적으로)

강우 춥단다!

태주, 강우의 핫백을 거칠게 잡아채서 물 냄비에 넣고 가스를 켠다. 발
갛게 상기되어, 블라우스 단추를 하나 푼다. 땀에 젖은 머리카락이 목덜
미에 붙었다. 안 보는 척하면서 태주 몸을 힐끔거리는 상현, 승대도 탐
욕스럽게 바라본다, 초조하게 승대와 태주를 번갈아 보는 라여사. 훔쳐
보지 않으려고 애쓰느라 일부러 강우에게 말을 거는 상현.

상현

어머님 모시고 병원 한번 와, 혈압 좀 재드리게.

승대의 시선을 눈치 채고 신경 쓰던 강우, 갑자기 태주의 허리를 확 잡아
끌어 무릎에 앉힌다.

강우

자, 핫백 대신!

보란 듯이 거칠게 아내를 다루는 강우. 태주, 저항하다 균형을 잃고 나

뒹군다. 치마가 훌렁 뒤집어져 허벅지가 다 드러난다. 폭소를 터뜨리는 라여사. 상현과 눈이 마주치자 격렬한 수치심에 휩싸인 태주, 얼른 일어나 강우를 때리려고 손을 치켜든다. 말간 콧물을 대롱대롱 달고 강아지같이 천진한 눈으로 올려보는 강우. 입술 깨무는 태주, 얼굴을 붙잡고 티슈로 거칠게 콧물을 닦아준다. 황급히 계단으로 가며 누구에게라 할 것도 없이 변명하듯 웅얼웅얼한다.

태주

가게 불 끄게....

내려가는 태주 뒷모습을 물끄러미 보는 상현.

28. [행복한복] 앞 (밤)

가게와 간판 불 꺼지더니 태주 나온다, 무연한 눈길로 골목을 바라본다. 2층에서 떠들썩한 소리 들린다. 문가에 신을 곱게 벗어둔다, 발바닥에 정말 굳은살이 두껍게 박였다. 인적 없는 골목의 끝까지 맨발로 뛰는 태주, 분풀이하듯 악에 바친 표정으로 전력질주. 한바탕 달리고 나니 기분이 좀 상쾌해졌는지 양팔을 넓게 벌리고 심호흡한다.

29. 수도원 상현 방 (밤)

세면대, 침대, 책상, 옷장, 보면대 - 단순 소박한 꾸밈. 방금 씻고 들어온 듯 젖은 머리에 알몸으로 침대에 앉은 상현, 제 성기를 내려다본다. 리코더로 허벅지 안쪽을 후려갈긴다, 짝! 어금니를 악물고 눈 꽉 감는 상현, 고개를 젖히고 야수가 으르렁대듯 신음한다. 맞은 자리에 이내 빨갛게 줄이 가면서 살갗이 부어오른다. 그래도 또 한 대.

30. 강우네 부부 침실 (밤)

카세트 플레이어에서 나오는 이난영의 [고향]. 다리를 개구리 모양으로 벌리고 물침대에 누운 강우. 화장대 의자에 앉아 얼굴에 로션 바르는 태주. 음악의 박자에 맞춰 발바닥 박수를 치는 강우, 출렁출렁 흔들리며 빙그레 웃는다.

강우

우린 다행이야, 외로운 사람들 참 많은데....

....멤버, 진짜 좋지 않냐?

물 수짜 수요일에 모이니까, 이름을 '오아시스'라고 하면 어떨까?

31. 상현 방 (밤)

세면대에 고인 물에 리코더를 담그는 상현, 묻은 피를 닦는다. 피 냄새에 또 헛구역질, 서둘러 물을 빼버리며 괴로워한다. 양손으로 귀를 막는다. 온갖 소음이 뒤엉켜 윙윙거린다.

32. 수도원 곳곳 (밤)

휴게실에 틀어놓은 TV, 웃으며 떠드는 수사들, 주방 가스레인지에서 끓는 라면 냄비, 도마 위 파를 써는 칼, 물 내려가는 변기, 클래식 음악 나오는 라디오, 트레드밀 위를 뛰는 다리, 땀에 젖은 겨드랑이, 바람에 흔들리는 정원의 나뭇가지, 어둠 속에서 눈을 반짝거리며 울어대는 고양이, 시거와 가지가지 담배 피우는 손과 입들, 수음하며 신음하는 남자, 위스키잔 안에서 흔들리는 얼음 조각들, 크게 숨을 들이마시며 와인 향을 음미하는 노신부.

33. 부부 침실 (밤)

이난영 노래 계속. 깍지 낀 손바닥으로 머리를 받치고 누운 강우, 생각만 해도 흐뭇하다는 듯 미소 짓는다.

강우

....상현이두 참- 매력 있지?

(태주가 실소하며 콧방귀 뀌자 기분이 상한 강우, 돌아누우며)

....에유, 싸가지 없는 년....

34. 상현 방 (밤)

귀 막고 구역질하던 상현, 자기 팔꿈치를 들여다본다. 현미경적 시력으로, 피부에 기생하는 먼지진드기들을 목격한다. 그것들이 돌연 거대한 괴물로 변용된다. 파랗게 타오르는 거대한 빛, 기묘한 빛깔들로 이루어진 뭉게구름, 피로 이루어진 바다, 괴상하게 생긴 새들이 떼로 날아다니는 하늘, 반복적으로 등장하는 피눈물 흘리는 눈동자. 이미지들이 너무 빠르게 지나가는 바람에 자세히 알아보기는 힘들다. 몸부림치던 상현, 정신을 잃고 바닥에 엎어진다.

35. 부부 침실 (밤)

실밥가위를 든 태주, 침대 모서리에 앉아 남편을 내려다본다. 입 헤벌리고 자는 꼴이 한심스럽다. 태주, 가위를 강우의 입속 피부에 닿지 않는 한도 내에서 최대한 깊이 넣어본다. 치켜들었다가 다시 집어넣는다. 확들었다가 확 넣고, 점점 빨라진다. 맹렬히 팔을 놀린다. 이마에 땀이 송골송골, 희열을 느끼는 듯 입꼬리가 말려 올라간다.

36. 상현 방 (새벽)

쓰러진 상현, 벗겨진 안경. 동창을 통해 들어오는 희미한 빛으로 그려진 마름모꼴, 조금씩 영토를 넓혀온다. 상현의 노출된 피부에서 희미하게 연기가 나기 시작한다. 눈을 번쩍 뜨는 상현, 3cm 앞 바닥을 노려보는 듯 부릅떴다.

37. [행복한복] (낮)

창밖에서 본 실내. 한복을 곱게 차려입고 앉은 태주의 초점 없는 눈. 라여사, 손님에게 옷감을 펼쳐 보이며 설명한다. 태주에게 손짓하자 일어선다. 양손에 든 다른 색깔의 감을 차례로 태주 턱 아래에 대 보이는 라여사.

38. 상현 방 (저녁 - 밤)

커튼 사이로 들어오는 노을빛이 점차 스러지고 어두워진 실내. 옷장 문 조심스레 열린다. 상현, 손만 비죽 내민다. 달빛에 이리저리 비춰본다. 수포가 또 손등을 덮었다. 전화벨이 울린다.

39. 응급실 (밤)

얼굴을 온통 붕대로 두른 상현, 서둘러 들어온다. 앞장선 유간호사가 이 끄는 쪽으로 간다. 목에 영대를 걸친다.

유간호사

신자래요, 오 베로니카....정면충돌이라....

유간호사가 커튼을 젖히자, 죽어가는 환자보다 침대를 온통 적신 피부터 눈에 든다. 피비린내를 맡은 상현, 비틀거린다. 간호사가 부축해주려고 하자 괜찮다고 신호한다. 성호를 긋고 병자성사를 시작한다.

상현

주님의 평화가 당신과 함께!

(성체를 머리맡에 올려놓고 성수를 뿌리며)

이 성수로 이미 받은 세례를 기념하며
몸소 수난과 부활로 저희를 구원해주신 그리스도를 생각합시다.
....고백하겠습니까?
(오 베로니카, 입술을 달싹인다.
귀를 바싹 갖다 대고 듣는 상현,
눈은 스테인리스 접시에 놓인 피 묻은 메스에 가 있다.
시선이 환자 목의 상처로 옮겨간다,
응급 처치해 놓은 부위에서 피가 새나온다.
냄새를 들이마시며 눈을 감는 상현,
성유를 병자의 이마와 두 손에 바르며)
주님께서는 당신의 자비로우신 사랑과 기름 바르는 이 거룩한 예식으로
성령의 은총을 베푸시어 이 병자를 도와주소서.
(갑자기 눈시울이 뜨거워지며 눈물이 그렁그렁해져서)
또한 이 병자를 죄에서 해방시키시고 구원해주시며
자비로이 그 병고를 가볍게 해주소서.
아멘.

눈물을 쏟으면서 합장하고 기도하는 상현, 성유를 바르는 동안 자기 손에 묻은 피를 남몰래 재빨리 핥는다.

40. 효성 입원실 (밤)

어둡다. 의식 없는 효성의 초점 없는 눈, 벌어진 입. 효성 목의 경동맥에 메스를 대고 선 상현, 주저하며 이리저리 자세를 바꿔보다 그만 포기하고 만다. 링거 병에서 튜브를 뽑아 쥐고 바닥에 눕는다, 튜브를 입에 문다. 혈액이 역류하기 시작한다. 피가 튜브를 통해 상현 입으로 들어간다, 눈을 감고 꿀꺽꿀꺽 삼킨다. 더 마시고 싶지만 꾹 참고, 힘들게 몸을 일으킨다. 튜브를 도로 병에 연결하고 효성이 분명히 살아 있는지 확인하는 상현, 자기 양손을 펼쳐본다. 급속도로 아무는 손끝, 붕대를 풀어보니 얼굴의 수포도 없어지는 중이다. 넋 나간 표정으로 거울을 본다. 완

전히 깨끗해진 제 얼굴과 침대의 효성을 번갈아 보더니 창을 열고 뛰어내린다. 둔탁한 충돌음, 파열음 들린다.

41. 주차장 (밤)

입원실에서 내려다본 풍경 - 4층 아래 주차된 자동차 지붕에 끈 떨어진 마리오네트처럼, 산 사람으로서는 불가능한 자세로 엎드린 상현. 차 앞 유리를 뚫고 들어간 상현, 상반신만 차 안에. 창들이 터져 유리 파편이 사방에 퍼졌다.

42. 강우네 부부 침실 (밤)

강우와 나란히 누운 태주, 잠 못 들어 괴로워하다 눈 번쩍 뜬다.

43. 주차장 (밤)

입원실에서 내려다본 풍경 - 상체를 일으키는 상현, 유리 전체가 통째로 떼어진다. 목 주위로 칼라처럼 유리창을 두른 채 일어서는 상현, 두리번거린다. 유리창 벗어던지고 안경을 주워 쓴다. 부러진 뼈와 탈구된 관절들을 맞춰가면서 멀어져간다.

44. [행복한복] 앞 (새벽)

부스스한 머리에 슬립 바람의 태주, 골목 끝까지 전력질주하고 멈춘다. 더 갈까 생각하는 것처럼 섰다. 세찬 바람에 엉클어져 눈을 가린 머리칼 너머로, 골목 끝 가로등 아래 선 상현 보인다. 한쪽 렌즈가 깨진 안경을 쓰고 눈을 찌푸렸다. 안경을 벗어본다, 잘 보인다, 내버린다. 맨발과 벗은 어깨를 바라보는 상현의 시선을 느낀 태주, 얼른 돌아선다. 빠른 걸음으로 걷기가 무섭게 언제 따라왔는지 뒤에서 태주의 양어깨를 감싸 안는 상현, 놀라 비명 지르는 태주를 번쩍 든다. 구두를 벗어놓고 태주를 내려놓으면서 신긴다. 어리둥절해 있는 사이 어깨에 상현의 트렌치 코트가 덮인다. 상현 눈에 태주의 목, 흰 피부 아래 이리저리 얽힌 핏줄 들이 훤히 들여다보인다. 야수처럼 핏발 선 상현의 눈동자를 마주보는 태주. 이 이상하게 생기고 눈빛 형형한 사나이가 무척 낯설어 보인 다, 바로 어제 본 침울하고 무기력한 남자와는 딴판이다. 얼빠진 사람처 럼 입을 헤벌리고 고개를 조금 갸웃하는 태주.

태주

머리 하셨어요?

가만히 응시하던 상현, 돌아서 가버린다. 자기가 신은 커다랗고 낡은 구 두를 내려다보는 태주.

45. 강우네 부엌 (아침)

가스레인지 앞에 선 라여사, 긴 젓가락으로 냄비에서 핫백을 꺼내 강우 의 오리털 파카 속에 넣고 여며준다.

라여사

이번엔 어디까지 갔었니?

태주

(찌개를 상에 내려놓으며)

눈 떠보니까 약국 앞이던데요? 웬 남자두 지나가구.

픽 웃기까지 하는 태주, 기가 막혀 한숨 쉬는 라여사.

라여사

몽유병에는 약두 없다니?

방문을 밖에서 잠가놓든지 해야지, 원....

강우

(콧물을 들이마시며)

약국 간 김에 약 사오지.

....안 추웠냐? ....감기두 안 드냐, 너는?

(고개를 절레절레)

....쟨 곰이야, 엄마.

살짝 한쪽 엉덩이를 들고 방귀를 뀌는 강우. 고개 약간 돌리고 숨을 멈추는 태주. 진지한 표정으로 공기를 들이마시는 라여사, 잠시 분석 후에 입을 연다.

라여사

여름에 위염 걸렸을 때 그 냄새다.

(약장 쪽으로 가며)

약 남은 게 어디 있을 텐데....

46. 수도원 서재 (밤)

상현 뒷모습에 가려 노신부 얼굴은 보이지 않지만 헉 하고 급히 숨 들이마시는 소리, 이어 슬픔에 잠긴 상현 음성.

상현

....꼭 이렇게 해야 믿으시겠어요?

(식은땀 흘리며 덜덜 떠는 노신부.

세로로 길게 갈라진 상현의 왼쪽 가슴 속에 강제로 들어가 있는

노신부의 오른손.

노신부 손목을 꽉 붙든 상현, 약간 찡그리며)

아! 남의 마음을 그렇게 꽉 잡으시면 어떡해요.

(기겁하는 노신부, 손을 뺀다.

벌어진 살과 흘러나오는 피를 느낄 수 있도록 손가락을 붙드는 상현.

조금 기다리자 가슴의 살과 피부가 저절로 붙으면서 아물기 시작한다.
그 과정을 생생히 감촉한 노신부의 손을 놓아주는 상현.
초조해진 노신부, 휠체어를 빠르게 움직여 왔다 갔다 한다.
상현, 장난에 싫증을 느낀 아이처럼 풀이 죽어 고개를 푹 숙인 채)
처음엔 이브 감염 증상이 나타났어요, 그러더니....
햇빛을 받으면 살이 타들어가고....
어떻게 제가 그렇게 할 수 있었나 몰라요,
효성씨 피를....아니, 죽지는 않을 만큼이요.
약간....섭취했더니 수포가 사라졌어요.
뱀파이어 세포가 이브를 제압한 것처럼요, 근데 그것두 며칠 못 가요.
(머리칼을 쥐어뜯으며)
신부님, 아프리카에서 수혈 받은 피를 내가 고른 건 아니잖아요!
(눈물이 글썽글썽)
....저, 좋은 일 하러 거기 갔던 거 아시잖아요!
저는 이제 모든 쾌락을 갈구합니다.
하지만 도대체 살인하지 않고
사람의 피를 어디서 어떻게 구한단 말입니까!

노신부
일단은....
(휠체어 급정거하더니, 왼팔 손목을 칼로 그어 상현에게 내밀고)
주께서 먹을 걱정은 말라고 하셨습니다, 하늘을 나는 새도 먹이신다고.
(할 말을 잃고 노신부의 숭고한 얼굴을 우러르는 상현,
두 손으로 피 흐르는 팔을 받쳐 들고 공손히 고개 숙여 흡혈한다.
오른손으로 상현 얼굴을 더듬는 노신부,
수포가 사라지는 것을 느끼며 중얼중얼)
....살인은 하지 마세요....

47. 강우네 부엌 (밤)

남인수 노래를 틀어놓았다. 식탁 주위에 모여 앉은 '오아시스' 멤버들, 김밥 먹으며 논다. 강우, 흥얼흥얼 노래를 따라 부른다. 그 옆에 상현, 유난히 혈색이 좋고 눈이 번득인다. 손놀림이 도박꾼처럼 능란하다. 나란히 앉은 두 남자를 번갈아 보며 비교하는 태주. 일렬로 세운 패를 호기롭게 쓰러뜨리는 상현.

상현

소사시네요.

강우

허, 참!

승대

(와이셔츠 단추를 풀며)
뭔 신부님이 말이야, 마카오 유학을 갔다 왔나....

라여사

(보드카를 홀짝이며 혀 꼬부라진 소리로)
우리 신부님이 오백 명 중에 살아오신 신부님이여....

땀 한 방울 안 흘리고 말끔한 상현, 호탕하게 웃으며 마작 패를 모아 섞는다. 투덜거리며 상현에게 돈을 건네는 사람들. 과일 접시를 식탁에 놓으며 상현을 흘끔거리는 태주, 초조하게 서성인다. 상현과 눈이 마주친다, 얼굴이 빨개진다. 승대 눈치를 살피는 라여사, 자꾸 태주한테 곁눈질하는 꼴을 보고 입술이 삐죽삐죽.

48. [행복한복] (밤)

불 끄고 신 벗는 태주, 고개 들자 문밖에 선 상현. 태주, 화들짝 놀라 물러

선다. 실내화 신은 상현 들어온다.

태주

언제 나갔어요? 지나가는 거 못 봤는데....?

대답할 마음이 없어 보인다. 옷감이 쌓인 구석으로 가는 태주, 상자를
꺼내 건넨다. 곁에 와 열어보는 상현, 새 구두를 들고 뭐라 말해야 할지
몰라 태주 얼굴만 본다. 트렌치코트가 든 쇼핑백에 구두 상자까지 넣어
서 주는 태주, 얼굴을 바싹 갖다 대고 상현 관자놀이 부근의 작은 수포
두 개를 만져본다. 호기심에 찬 시선. 상현, 마지못해 답한다.

상현

....일종의....전염병인데.
무섭죠?

태주

안경을 벗어서 이렇게 달라 보일까?
....어떻게 옮는데요?

상현

(태주에게 바싹 다가서 냄새를 맡듯 고개를 숙이며)
키스로 전염된 게 아니라는 건 확실해요.
난 태어나서 한 번도 키스해본 적이 없으니까.

태주에게 키스한다. 사람들 떠드는 소리에 천장을 올려다보는 태주, 상
현을 방으로 이끌며 속삭인다.

태주

나는 부끄럼 타는 사람 아니에요.
부끄러워서 뛰어나간 게 아니라....어렸을 때 말이에요, 부산서.

너무너무 지겨워서 그런 거예요.

저 엄마하고 병신 아들, 눅눅하고 컴컴한 집구석,

끝도 없이 질질 짜는 그 뽕짝노래들....

(상현을 눕히고 올라가는 태주)

신부님 오기를 기다렸어요, 그땐 그냥 '고아원 애'였지만....

창밖을 보면서....어렸을 때요....

병신이 신부님 좋아하니까, 신부님이 오면 나를 안 찾으니까....

(엎드려 상현 몸에 밀착시킨 자세에서

손을 뒤로 돌려 브래지어를 벗는 태주.

팔로 가슴을 가린 채 천천히 상체를 일으키는 태주, 몹시 부끄러워하며)

....난 부끄럼 타는 사람이 아니에요.

(천천히 팔을 내리는 태주,

젖가슴을 드러내자마자 도저히 안 되겠다는 듯 도로 가리며)

....나는 맨발로 막 나가요,

이 지옥에서 조금이라도 빨리 나가고 싶어서요.

자다가도 일어나서 나가요, 저 사람들은 몽유병인 줄 알지만

난 그때만 깨어 있는 것 같고, 나머지 시간이 자는 것 같아요.

흥분을 견디지 못한 상현, 재단용 쇠자를 집어 들고 여자를 밀친다. 허벅지에 대고 몇 번이고 내리치는 상현, 이를 악물고 고통을 참는다. 팔을 붙드는 태주, 자를 빼앗고 상현을 눕힌다. 바지를 내리자 상현의 허벅지 안쪽에 시뻘건 피멍이 여러 줄 드러난다. 찡그리는 태주, 창피해서 외면하는 상현. 멍든 부분에 부드럽게 입 맞추는 태주, 팬티도 벗겨 내린다. 피멍이 스르르 사라지지만 태주는 눈치채지 못한다. 상현, 숨이 막히는 듯 몸이 뻣뻣해지는데 갑자기 2층에서 강우가 부르는 소리 들린다.

강우

여보! 태주야!

46

49. 부엌 (밤)

복도를 향해 소리 지르는 강우 모자.

라여사
태주야!

강우
나 핫백!

50. [행복한복] (밤)

자동인형처럼 벌떡 일어나 뒤도 안 돌아보고 계단으로 가는 태주, 얼른 옷매무새를 고치며 올라가는 뒷모습.

51. 뒷골목 (밤)

건물을 돌아 뒤로 오는 상현, 올려다본다. 초인적인 도약, 2층 창에 매달리는 상현. 열린 창으로 기어들어간다.

52. 거실 + 부엌 (밤)

철썩, 태주 따귀 때리는 라여사. 취해서 몸이 비틀비틀. 태주, 자주 당하는 일인지 별로 놀라지도 않는다.

라여사
네 이년! 버려진 년을 먹여주구 키워줬더니
냄편 핫백 하나 제때 안 갈아줘?

영두
(패만 들여다보며)

아이고, 라여사 또 시작이시다....

영두
(패를 공개하며)
아유, 났네!

강우
(영두 패를 보더니 짜증스럽게)
뭐해, 가서 재우잖고.
(태주와 이블린, 어르고 달래가며 라여사를 침실로 모시고 간다.
변기 물 내리는 소리. 화장실에서 나오는 상현에게)
속이 안 좋아?

승대
남의 돈 먹으면 설사하는 거.

자리에 앉는 상현. 라여사는 이블린에게 맡기고 돌아오는 태주, 상현 잔
에 와인을 채워준다. 두 사람 눈이 마주친다. 반사적으로 시선을 피하
는 태주, 라여사 자리에 앉는다. 마작 패를 하나 집어 만지작거리는 태
주.

강우
웬일이야....?

태주
재밌어 보여서.
(패를 손에 쥐고 만지작거리며)
만지니까 흥분이 되네.

상현

저도 밤새도록 하래도 하겠어요.

강우

너는 하는 법두 모르잖아?

태주

내가? 알어, 하는 법....나 잘해.

상현

어휴, 다음 수요일까지 어떻게 참을지....

강우

(신나서)

그럼 일요일에두 모일까, 우리?

태주

(짧게 곁눈질로 상현을 보며)

그럴까?

상현

(태주 시선을 받으며)

저는 일요일엔 병원 나가야 돼서....

무모하리만치 뻔뻔하게 상현을 응시하는 태주. 그 얼굴 클로즈업에, 흥분한 승대 목소리 들린다.

승대

아, 빨리 패 돌려....

각오 단단히들 하셔, 시방부터 중원에 피바람이 몰아칠 테니깐!

53. [행복한복] (낮)

한복 입고 다소곳이 앉아 가위로 실밥을 뜯는 태주, 그림처럼 꼼짝 않고
앉은 라여사. 무료한 오후.

태주

엄마....

(심상치 않은 낌새를 눈치채고 천천히 고개를 돌리는 라여사)

저요, 이런 식으로 살고 싶지가 않네요.

(올 것이 왔다는 듯 눈을 감는 라여사)

저는요....불쌍한 사람들을 도우면서 살고 싶어요.

(당황한 시어머니에게)

병원 같은 데 봉사활동을 좀 다녀볼까, 해요.

....일요일에.

54. 수도원 복도 (밤)

노신부 휠체어를 밀며 걷는 상현.

노신부

만졌습니까?

상현

입 맞추고 껴안고....

노신부

옷은?

상현

다 벗기진 못했습니다.

(조금 안도하는 노신부)
죄를 짓는 오른손을 잘라버리라고 했는데
잘라도, 잘라도....마음은 어쩔 수가 없습니다.

노신부
마음은 괜찮아요. 그런 죄는 흔하고 또 쉽게 용서받을 수 있어요.

55. 병원 정원 (낮)

예쁜 옷에 하이힐까지 신은 태주, 휠체어 밀고 지나가는 간호사를 붙들고 뭔가 묻는다. 길을 가리켜주는 간호사.

노신부
(소리)
그렇지만 육체가 죄로 물드는 것은 안 됩니다.

56. 소성당 (낮 - 밤)

문을 살짝 열고 들여다보는 태주, 안은 비었다.

잠시 후 -
밤. 하이힐 벗고 의자에 다리 올려 앉은 태주, 무릎 사이에 얼굴을 묻고 잠들었다. 상현, 태주 앞에 다가가 선다. 잠 깨는 태주, 올려다보자마자 눈물이 글썽해진다.

노신부
(소리)
한번 무너지면 멈출 수가 없어요....자르고 또 잘라요.
죄를 피할 수만 있다면 어딜 잘라서라도 육체만은 지켜야 해요.

57. 효성 입원실 (밤)

어두운 방의 문이 열린다. 상현, 태주를 번쩍 들어 빈 침대에 앉힌다. 기대에 차서 바라보는 태주의 반짝이는 눈. 태주 발치에 쪼그리고 앉아 구두를 벗기는 상현, 소중한 물건인 양발을 감싸 쥔다. 부끄러워 움츠러드는 태주.

상현

(소리)

태주씨를 안는 거는요....무슨 물속에 들어간 것 같고....

거의 육체가 아닌 것 같고....

하여튼 그게 죄라는 게 믿기지가 않아요.

(보이스 오버 끝나기를 기다렸다는 듯이 바로 입을 열어)

....와줘서 고마워요....다시는 오지 마세요.

태주

불쌍한 사람 도와주러 왔는데두요?

상현

(태주 무릎에 오른손을 올려놓고 찬찬히 설명하듯)

사제가 이러면 죄가 더 커요.

태주

나는 신자도 아닌데요....나한텐 그냥 불쌍한 노총각이에요.

상현

우리 둘 다 지옥 가요.

태주

나는 신앙이 없어서 지옥 안 가요.

상현

(왼손도 올려놓고)

나는요, 끔찍한 병에 걸렸어요.

태주

난 지긋지긋하게 건강해요, 한번 아파서 누워보는 게 소원이야.

상현, 태주의 하얀 목에 키스한다. 살짝 깨문다. 태주, 비명을 지르며 상현을 살짝 때린다. 태주를 끌어안으며 침대에 눕히는 상현. 갑자기 누가 코 고는 소리. 깜짝 놀라 몸을 일으키는 태주, 그제야 옆 침대 효성을 발견한다.

상현

(부드럽게 태주를 눕히며)

괜찮아요, 효성씨 참 좋은 분인데....의식이 없어요.

바이탈사인에 문제가 생기지 않는 한은, 밤에 여기 올 사람 없어요.

태주

(더 흥분이 되는 듯 매달리며)

저런, 딱해라....

태주 발을 애무하는 상현, 굳은살 박인 뒤꿈치를 핥는다. 간지럽기도 하고 부끄러운가 하면 흥분도 되어 몸을 비트는 태주, 상현의 손을 끌어다 손가락을 입에 넣는다. 서로의 손과 발을 빠는 남녀. 상현, 참지 못하고 태주의 어깨를 물어뜯고 만다. 피가 흐른다. 오히려 상현 자신이 당황한다.

상현

아프지, 아프지....

태주

(질끈 감았던 눈을 뜨며)

아니야, 좋아요....이상하게 좋아요....

(상처를 들여다보려고 고개를 한껏 뒤로 돌리며)

원래 좋은 거예요? 응?

(피가 맺힌 태주의 어깨를 빈틈없이 핥자, 환희에 찬 신음)

내가 왜 이러지? 딴 여자들도 이럴까?

나 변태예요, 응?

상현을 꽉 움켜잡으며 껴안는 태주, 격렬한 섹스가 이루어진다.

잠시 후 –

머리를 벽에 기대고 늘어져 누운 태주. 냉장고에서 캔 식혜를 꺼내 건네는 상현. 가져온 도시락을 풀어놓는 태주, 김밥을 집어 상현 입에 대준다. 도리질하는 상현, 자기 입에 넣는 태주.

태주

식사하셨어요?

상현

(효성을 힐끗 보며)

아, 예....

태주

다음 주에는 낮에 보면 안 돼요?

상현

제가 낮에는 좀....

태주

더 오래 있을 수 있잖아요.

상현

(크게 숨을 쉬고)

.....태주씨한테는 숨기고 싶지 않아요, 내가 걸린 병....

....그러니까....나는....일종에....음....

태주, 귀엽다는 듯 픽 웃는다. 설명하기를 단념하는 상현, 내키지 않는 연기를 하는 배우처럼 효성씨 옆으로 간다. 스탠드에 걸린 링거 병을 붙잡는다. 김밥을 물어 볼이 불룩해진 채, 눈까지 휘둥그레지는 태주.

58. 복도 (밤)

문이 벌컥 열린다. 핸드백 들고 황망하게 뛰쳐나오는 태주, 겁에 질린 얼굴에 걸음까지 비틀거린다. 열린 문틈으로, 효성 침대 옆 바닥에 누운 상현 보인다. 링거 튜브를 입에 문 상현, 머리를 겨우 들고 안타까운 눈길로 태주를 본다. 종종걸음으로 사라지는 태주. 문, 저절로 닫힌다.

59. 강우네 외벽 (밤)

처마 밑에 박쥐처럼 거꾸로 매달려 집 안을 들여다보는 상현. 불이 켜지자 화장실에 들어서는 태주 보인다.

60. 화장실 (밤)

창 열고 들어오는 상현. 깜짝 놀라 비명을 지르려는 태주, 상현이 얼른 입을 막는다.

상현

나는요, 살인은 안 해요.

효성씨만 해도 그래요....원래 배고픈 사람 돕는 걸 좋아했어요, 그분이.

의식만 있었으면 자기가 먼저 피를 가져가라고 했을걸요?

(말이 빨라지면서 횡설수설,

태주 입을 막은 손을 슬그머니 떼고)

태주씨도 그 카스테라 얘기를 들었어야 되는데, 아이 씨....

아니....교통사고 나서 다친 사람을 욕하는 법은 없잖아요.

누가 무슨 병 걸렸다고 비난하지는 않잖아요!

(눈물까지 글썽글썽)

난 좋은 일 하러 거기 갔던 거예요!

(분을 참는 상현, 손에 쥔 세면대 귀퉁이가 빵 떼어지듯 뚝 떨어진다.

눈이 커지며 벌벌 떠는 태주, 문고리를 잡는다.

상현, 태주 손을 간단히 떼어내더니 구석으로 밀어붙이며)

내가 뱀파이어인 게 뭐가 중요해요?

태주씨, 내가 신부라서 날 좋아했어요?

아니잖아요, 거봐요....신부라는 건 그냥 직업이잖아요.

그런 거처럼 뱀파이어인 것두 그냥....

그냥 식성이나....뭐....생활 리듬의 문제 같은 거예요.

사람이 사람을 사랑하는 데 그런 게 뭐 중요해요?

아니, 그게 아니고....

내가 뱀파이어라서 싫어요? 응?

내가 뱀파이어가 안 됐으면 태주씨랑 잤을 거 같아요?

내가 그냥 신부였어도 태주씨하구 그랬을까, 신부가? 응?

나랑 같이 가요, 내가 이 지옥에서 데리고 나가줄게요.

(태주를 번쩍 안아 들고, 호소하듯)

나랑 하는 거 좋았죠, 강우랑 재미없잖아요?

강제로 키스하려드는 상현, 고개 돌리는 태주. 상현, 태주를 아예 데리고 나가려는 듯 창 쪽으로 몸을 돌린다. 태주 발이 변기 물탱크를 건드린

다. 도기 뚜껑이 밀려 떨어진다, 요란하게 깨진다. 발소리, 문 바로 앞에
서 멈춘다.

라여사

(소리)

아가?

태주를 놓아주는 상현, 창문 밖으로 휙 사라진다. 얼른 달려가 내려다보
는 태주.

61. 뒷골목 (밤)

태주의 내려다보는 시점 – 미친 듯이 달려가다가 가로등을 만나는 상현,
주먹으로 한번 치자 꺾여 쓰러진다.

태주

(소리)

물이 안 내려가서요....인제 내려갔어요.

62. 병원 효성 입원실 (밤)

알몸의 효성씨를 목욕시켜주는 상현, 물수건으로 대패질하듯 몸 구석구
석을 싹싹 닦는다. 얼굴에는 또 수포. 효성 링거 튜브의 한쪽 끝은 바닥
에 놓인 물통에 담겼다. 일하다 말고 쪼그려 앉는 상현, 피가 다 찬 물통
을 새것과 교체한다. 마개를 꼭 닫아 스포츠백에 넣는다. 대야에 담긴
물에 수건을 빨다가 진동 울리자 휴대전화를 꺼내든다.

63. 옥상 (밤)

상현, 스포츠백을 내려놓고 털썩 주저앉는다. 그의 얼굴을 안쓰러운 듯

가만히 보는 태주. 가방에 든 물통 3개 중 하나를 꺼내는 상현, 벌컥벌컥 마신다. 수포가 사라지는 모습을 보고 신기한 듯 눈을 동그랗게 뜨는 태주.

태주

흡혈귀란 건....귀엽네요, 생각보다.

(주머니에서 오백 원짜리를 꺼내 내밀며)

구부릴 수 있어요?

상현

그거 구부려서 뭐해요, 그런 거보다....

(품에서 트릭카드를 꺼내)

마술 보여줄게요!

태주, 관심 없다는 듯 동전만 들이댄다. 내키지 않는 표정으로 동전을 받아드는 상현, 종이를 찢듯이 반으로 간단하게 잘라버린다. 두 조각 동전을 들여다보며 감탄하는 태주.

태주

그럼....

(일어나 건물 아래를 내려다보며)

여기서 뛰어내릴 수 있어요?

(쓴웃음만 짓는 상현)

높은가봐?

갑자기 태주를 번쩍 안아들고 5층 아래로 뛰어내린다, 깔깔거리고 비명 지르며 좋아하는 태주.

64. 뒤꼍 (밤)

으슥한 그늘에 착지하는 상현. 상현 목에 팔 두르고 매달린 태주, 기대
에 차서 눈빛을 반짝거리며 상현과 옥상을 번갈아 올려다본다. 준비됐
다는 듯 눈을 꼭 감고 몸을 움츠린다. 옥상을 쳐다보며 난감해하는 상
현.

65. 비상계단 (밤)

건물 외벽에 노출된 계단을, 태주를 안고 걸어 오르는 상현. 고쳐 안느
라 자세가 바뀌자 태주가 아파한다. 치마를 들추어 보는 상현, 허벅지에
난 흉터들이 드러난다. 우뚝 서는 상현.

상현

강우가 이랬어요?

(입 꼭 다물고 대꾸 안 하는 태주)

....자주 그래요?

태주

자주는 아니구....

이를 악무는 상현, 다시 계단을 오른다. 한참 만에 문득 입을 여는 상현.

상현

내가 강우를 아까 그 동전처럼 만들어줄까요?

(불현듯 팔에 힘을 주며 상현을 바짝 끌어안는 태주,

둘의 뺨이 마주 닿는다.

태주 귀에 대고 속삭이듯)

....나하구 가요, 아무 데나.

태주

나는요, 평생 그 사람들 강아지로 살았어요.

병신 먹이고 재우고, 자위하는 것까지 도와주면서....

(눈물을 글썽거리며)

아시죠, 난 거의 처녀나 다름없어요.

개는요, 워낙 병신스러워서

내가 같이 안 먹으면 지 약두 안 먹으려고 했어요.

어째서 난 안 죽었는지 몰라, 굼벵이며 지네며 그 벼라별 혐오식품하구

이상한 약들을 다 마시고 삼켰는데....

근데 이제 와서 도망치면, 뭐가 돼요?

66. 옥상 (밤)

태주를 안은 상현, 터벅터벅 걸어 올라온다.

태주

....은혜도 모르는 년, 이딴 소리밖에 더 들어요?

결국 또 내 부모 욕하구 고아가 어떠니 저떠니 하겠지.

(가방 둔 자리로 돌아오는 상현,

태주 내려놓고 벽에 기대 털썩 주저앉는다.

태주, 풀이 죽어)

....봉사활동 가는 거 싫어해요, 우리 집 병신이요.

상현

(잔뜩 찌푸린 얼굴로 바닥만 뚫어지게 보며, 이를 갈듯)

....강우고 어머니고 다 죽어버리지!

자기가 뱉은 말에 스스로 놀라고 혐오스러워 괴로워하는 상현, 달래듯
그의 얼굴을 쓰다듬는 태주.

태주

(시계를 보며)

시간 없어요....안아주세요, 빨리.

(말 잘 듣는 아이처럼 얼른 포옹하자
태주, 숨이 막히는 듯 주먹으로 등을 치며)

아! 당신, 힘 조절하는 법 좀 배워야겠어!

67. 강우네 부부 침실 (밤)

잠옷자락을 올리고 침대에 앉은 태주. 그 앞에 무릎 꿇은 강우, 태주 허벅지의 상처에 후후 입김을 불어가며 정성껏 연고를 발라준다. 자기가 아픈 듯 얼굴을 찡그린다.

강우

아파? 아프지?

태주

엄마한테는 비밀로 해줘.

강우

정신병원 말구 딴 데 봉사 다니면 안 돼?
이런 델 무서워서 어떻게 다녀?

68. [행복한복] (낮 – 밤)

한복 입은 태주와 라여사, 유리장 안에 든 마네킹들처럼 우두커니 앉았다.

잠시 후 –
해가 졌어도 똑같은 자태로 앉은 두 여인. 벽시계, 바늘이 7시 반을 가리킨다. 라여사, 일어선다.

라여사

시마이.

계단으로 올라가버린다. 태주, 휴대전화 꺼내 번호 누른다. 신호음 들으
면서 껌을 씹는다.

태주

(느리고 무심한 어조)

....저예요....뱀파이어는 어떻게 해서 되는 거예요?

....아, 그렇구나....섹스로는 전염 안 되나?

....나두 좀 만들어주면 안 되나?

골목에서 본 모습. 벽에 기대서서 통화 중인 태주, 소리는 들리지 않는
다.

69. 수도원 노신부 방 (밤)

왼 손목에 붕대 감은 노신부, 잠옷 바람으로 침대에 앉았다. 와인 한 모
금 삼키더니 상현에게 칼과 오른손을 내민다.

노신부

드세요.

(짜증내며 외면하는 상현, 한숨을 푹푹 쉰다.

노신부, 안타깝다는 듯 손을 거두더니 은근한 말투로)

....연구소에 가서 알아볼 수는 없나요?

어쩌다 그리되었나, 고칠 방법은 없나....

상현

연락이 안 됩니다, 폐쇄됐다는 소문만 들었어요.
가볼 생각도 해봤지만 햇빛을 맞지 않고 아프리카에 갈 방법이 없어요.

노신부
햇빛....
죽기 전에 한 번이라도 바다에 일출을 볼 수 있다면....

간절하게 애원하듯 상현 쪽으로 얼굴을 돌리는 노신부. 서서히 경악하는 표정으로 바뀌는 상현.

상현

무슨 생각을 하시는 거예요!
뱀파이어는 햇빛을 볼 수가 없어요!

노신부
밤바다도 좋습니다, 외로운 달과 별....불나방 한 마리라도 보고 싶어요.
....모세가 나일강을 피로 바꾸고
개구리와 메뚜기 떼를 부르고, 사람들을 피부병에 걸리게 만들었듯이
기적이 꼭 인간의 기준으로
아름답고 선한 형태로 찾아오는 건 아닙니다.
뱀파이어면 어때, 장님 눈 띄워주는 게 기적이 아니고 뭐란 말입니까?
피를 좀 나눠주세요, 뱀파이어 피가 이브도 몰아냈다면서요.
(두려운 눈으로 노신부의 손을 뿌리치고 뒷걸음질 치는 상현을 향해)
얘....상현아, 일루 와봐....괜찮다니까....

질겁해 허둥지둥 방을 뛰쳐나가는 상현. 침대에서 내려와 바닥에 엎어지는 노신부.

70. 복도 (밤)

엉금엉금 기어 쫓아 나오는 노신부, 필사적이다. 사람들 들을까 무서워 속삭이며 말하는 두 사람.

노신부

....괜찮다니까 그러네....

상현

(뒷걸음치며)

나는요, 인제 수사도 아니고 신부도 아니에요.
절차가 어떻건 교황청에서 뭐라고 하건 그건 그쪽 문제고요.
....아침에 녹즙 꼭 잡수시구 술 좀 줄이세요!

막 뛰어서 달아나버리는 상현. 기어오다 지쳐 엎드린 노신부, 억지 미소를 띠고 하소연.

노신부

아유, 쟤는....상현아, 나 좀 봐....

71. 병원 혈액실 앞 (밤)

고리가 휘어진 커다란 자물쇠가 바닥에 뒹군다. 문 열고 나오는 상현, 폐쇄회로카메라를 의식한 듯 야구 모자를 눌러썼다. 얼굴에 수포가 가득하고 커다란 여행가방을 들었다. 허둥지둥 달아난다.

72. 강우네 부엌 (밤)

식탁에만 불이 켜졌다. 잠옷 차림으로 보드카 마시는 라여사, 마주 앉은 상현.

라여사

무슨 일로 이렇게 방황하시는지는 몰라도....

신부님은요, 이겨내실 거예요.

그 옛날 적부터 내가 신부님이 그렇게 가여워서....

우리 집에서 라면도 잡쉈잖아....

언제까지라도 계셔요, 이 집에.

(손을 잡으며)

아셨지?

상현

고맙습니다, 어머니.

라여사

(일어나려는 듯하다 도로 앉아 술을 홀짝이며)

태주가요, 겉으론 저래두 속은 따뜻한 애거든.

(점점 자세가 낮아지며 식탁에 머리를 대고 눈을 감으며)

하느님이 보내주셨지, 걔를....

73. 부부 침실 (밤)

침대에 코 골며 자는 강우. 문 옆에 웅크리고 앉은 태주, 거실에서 들려오는 라여사 말소리에 골똘히 귀 기울인다.

라여사

....나는요, 가게며 뭐며 다 태주한테 물려줄 거예요.

강우가 워낙 착해놓으니까 사람 좋아하고 노는 거 좋아해서....

74. 반지하방 (새벽)

알몸에 이불 덮고 누운 상현과 태주, 땀투성이. 옆으로 길게 난 창문은

두꺼운 천으로 가려졌다. 눈치 보는 상현.

상현

내가 너무 세게 하는 건 아니죠?

태주

딱 좋아요.

상현

(조심스럽게)

그럼....한 번 더 할까요?

태주

(베개에 머리를 묻고 신음 소리를 내며)

으- 난 왜 이상한 사람들하고만 엮일까?

어떤 놈은 오 년에 한 번, 어떤 놈은 하루에 다섯 번....

75. 부부 침실 (새벽)

뒤척이는 강우, 손으로 옆자리의 태주를 찾는다.

76. 반지하방 (새벽)

태주 기색을 살피며 조심스레 말문을 여는 상현.

상현

내 얘기....생각해봤어요?

태주

(정색을 하고 일어나 앉으며)

내가 신부님하고 도망간다고 쳐요.

상현
신부 아니라니까!
(버럭 소리에 태주가 움츠러들자, 또 다정하게)
....태주씨두 낮에 자요, 그렇게 사는 사람들 많아요.
시인 소설가들은 다 밤에 일해요,
아니면 뉴욕 살다 와서 시차적응을 못했다 쳐요.
밤에 내가 다 할게요, 나는 뭐든지 할 수 있을 것 같아요.
하다 못해 심야택시를 해도....

태주
운전하다 시장하면 가끔 손님두 빨아먹고?
(단호하게 고개를 흔들며)
택시 해먹자고 내가 떠나요?
어차피 이 집도 다 내 껀데?

77. 약국 앞 (새벽)

잠옷 위에 오리털 파카를 걸치고 선 강우, 추운 듯 코를 훌쩍이며 이리저리 둘러본다.

78. 강우네 부부 침실 앞 (낮)

두꺼운 면장갑을 낀 라여사, 전기드릴을 들고 문틀에 구멍을 뚫는다.

79. [행복한복] (낮)

요란한 드릴 소리. 한복 입고 앉은 태주, 멍하니 천장을 본다.

80. 부부 침실 앞 (밤)

잠옷 입고 문 안쪽에 나란히 선 강우와 태주. 잠옷 입고 열쇠 든 라여사는 문밖에, 그 뒤에 멀찍이 선 상현.

태주

(공손하게)

안녕히 주무세요.

라여사

(귀엽게)

그래, 좋은 꿈!

라여사를 사이에 두고 상현과 태주, 안타까운 듯 눈이 마주친다. 문 닫고, 새로 설치한 자물쇠를 채우는 라여사.

81. 부부 침실 (밤)

입 벌리고 자는 강우. 일어나는 태주, 문을 살짝 밀어본다. 열릴 리 없다. 분이 나는 듯 식식댄다. 잠옷을 확 올리더니 화장대 위 실밥가위를 들어 허벅지를 마구 찌른다. 고통에 찬 신음이 꽉 다문 잇새로 흘러나온다.

82. 반지하방 (밤)

작은 냉장고를 여는 상현, 마지막 남은 혈액 팩을 꺼내 마신다. 눕혀놓은 캐비닛에 들어가 웅크린다. 이불이 깔렸고 베개도 있다. 어디선가 어렴풋이 들려오는 작은 소리, 강화된 청력으로 2층의 태주 신음 소리를 듣는 상현.

83. 부부 침실 (밤)

잠자던 태주, 눈을 뜨고 깜짝 놀란다. 침대 옆에 선 상현이 태주의 잠옷을 들춰보고 있다. 상처를 관찰하면서 금방이라도 울 듯하다. 창은 열렸고, 강우는 세상모르고 잔다. 빨리 나가라고 손짓하는 태주. 핏발 선 눈으로 강우를 노려보더니 사냥개처럼 이리저리 둘러보는 상현, 탁자에서 과일 접시를 발견하고 과도를 집어 든다. 냄새 맡는다. 내려놓고 포크 두 개를 차례로 냄새 맡아본다, 찾는 물건이 아닌 듯 내려놓는다. 책상에 놓인 종이 자르는 칼도 아니다. 화장대에서 작은 실밥가위를 발견, 눈을 지그시 감고 냄새 맡는다. 눈을 번쩍 뜨더니 가위를 잡은 손에 힘을 꽉 주어 강우를 향해 치켜든다, 팔이 부르르 떨린다. 두 팔을 벌려 강우 앞을 막아서는 태주, 건드리면 안 된다는 확고한 주장이 담긴 눈빛. 왼손으로 태주 멱살을 틀어쥐고 높이 들어 올리는 상현, 시야를 가리는 장애물을 치워버리듯 왼쪽으로 옮긴다. 허공에 대롱대롱 매달려 시계추처럼 좌우로 흔들리는 태주, 단호한 눈빛은 변함이 없다.

.

84. 자동차 (밤)

남인수 노래 틀어놓고 운전하는 강우, 조수석의 상현과 뒷자리 태주. 팔짱 끼고 앉아 돌처럼 굳은 표정으로 창밖만 보는 태주. 얼굴에 뽀루지처럼 작게 하나 난 수포를 만져보는 상현.

85. 낚싯배 (밤)

태주를 가운데 두고 앉아 낚싯대를 드리운 강우와 상현. 보름달 보며 [고향 그림자]를 제법 구성지게 부르는 강우.

강우
똑딱선 푸로페라 소리가 이 밤도 처량하게 들린다
물 위에 복사꽃 그림자같이 내 고향 꿈은 어린다
(노래 끝내고 나직이)

태주 어렸을 때 기억나? 정말 귀엽지 않았냐?
....얘가 있잖아, 열두 살 땐가....자는데 막 깨우는 거야,
빤쓰를 벗어들고.
피오줌 쌌다고, 이상한 약을 너무 많이 먹어서 죽을라나 보다고....
둘이 껴안고 밤새 울었잖아....

혼자 낄낄대는 강우, 귀여워 죽겠다는 듯 태주 뺨을 꼬집는다. 경직된
채 가만히 앉아 상현만 노려보던 태주, 갑자기 상현을 향해 차가운 목소
리로 힐문한다.

태주
뭐 해요, 밤 새울 거예요?

뺨 꼬집고 있던 손을 내리는 강우, 손목시계 램프를 눌러 켜보더니 의아
하다는 듯 묻는다.

강우
아홉 신데?

태주
(완전히 무시하고 상현만 보며)
병원 가고 경찰 조사 받고 그러면 몇 시간인데....
해 떠도 괜찮아요?
(창백해진 상현, 대꾸는 못하고 태주를 노려보기만 한다.
겁먹은 강우, 둘을 번갈아 본다.
상현, 결심이 선 듯 벌떡 일어서 다가온다.
배의 균형을 잡기 위해 옮겨 앉는 태주,
상현이 회칼을 꺼내는 것을 보고 기겁해서)
안 된다니까!

상현

(걸음을 멈추고 서서 사정하듯)

조금만 마시면 안 될까?

태주

(이미 수없이 되풀이해온 이야기인 듯, 지쳐서)

부검하면 다 뽀록난다니까!

상현

(손에 생긴 수포를 내려다보고 울상이 되어)

나 많이 생각했어....

누구 딴 사람을 죽여야 되는데....뭐 하러 그래, 어차피 죽을 애 두고....

태주

(단호하게)

칼 버려.

강우

(겨우 힘을 내)

그래, 버려.

(그동안 잊고 있던 존재를 발견한 것처럼

동시에 강우를 보는 상현과 태주.

망설이던 상현, 물에 칼을 던지고 다시 강우를 향해 발을 옮긴다.

강우, 손을 휘휘 저으며)

야, 오지 마....오지 마....

낚싯대 붙든 채 엉거주춤 돌아앉는 강우. 왼손으로는 강우 몸통을 끌어 안고 오른손으로는 코와 입을 막는 상현, 태주의 얼굴을 쏘아보며 스쿠 버 다이빙하듯 뒤로 넘어간다. 낚싯줄이 허공을 가른다, 바늘이 태주의 왼쪽 귓불에 걸린다. 손으로 입을 막아 비명을 참는 태주. 물속으로 사라지는 두 남자. 낚싯줄이 당겨지는 바람에 바늘이 태주 귀를 찢으면서 빠져나간다. 고통에 찬 신음. 태주, 피가 뚝뚝 떨어지는 귀를 손으로 막고 수면 위로 머리를 숙인다. 잠시 후, 낚싯대가 떠오른다. 한참 고요하더니 갑자기 강우 뒤통수가 쑥 올라온다. 필사적으로 몸을 돌려 태주를 찾는 강우의 간절한 눈빛. 놀라 덜덜 떠는 태주. 눈이 마주치자마자 아래서 잡아끄는지 도로 들어가는 강우. 잠시 후, 이번에는 상현이 얼굴을 내놓는다. 손을 내민다. 뱃전을 움켜쥐고 바싹 엎드린 태주, 손을 맞잡고 들어올린다. 수면 위로 상체를 내민 상현, 한 손으로 태주 머리를 잡아당기더니 귀에서 흐르는 피를 빨기 시작한다. 비명을 지르며 상현을 밀치는 태주, 벌떡 일어선다. 도로 풍덩 빠지는 상현, 머리만 내놓고 태주를 올려다본다. 헐떡거리는 두 사람, 핏발 선 눈들끼리 불꽃을 튀기듯 노려본다. 숨이 찬 상현, 문장을 짧게 끊어가며 절규하듯 외친다.

상현
지금이라도, 건져내면, 살릴 수 있어, 빨리, 얘기해, 진짜 죽여?
(끄덕이는 태주)
이거만 하면, 우리, 행복해지는 거야?

태주
그러엄.

상현
정말?

태주
(손으로 물을 탁 쳐올려 보내며)
물론이지, 이 바보야!

물벼락을 뒤집어쓴 상현, 픽 웃는다. 태주도 웃음보가 터진다. 계속 웃으면서 뱃전을 잡고 힘껏 끌어당기는 상현, 태주도 깔깔거리면서 빠지고 배는 뒤집힌다.

86. 호숫가 (밤)

경광등 번쩍이는 경찰차들. 태주, 스트레쳐 카에 실려 응급차에 들어간
다. 담요 뒤집어쓰고 지켜보는 상현. 뒤에서 경찰들 눈치를 보며 슬금
슬금 다가오는 승대, 상현의 어깨를 감싸며 소곤댄다.

승대

낚시....를....내가 눈감아줬단 소리는 뭐, 안 하셔도 되고....

나머지는 내가 다 얘기해놓을 테니까.

(믿기지 않는 듯 한숨을 쉬고)

이게 뭔 일이요, 응?

비틀비틀 물로 가는 상현, 종아리가 잠기도록 들어간다. 시커먼 수면을
내려다보며 섰던 상현, 땅으로 나와 커다란 바위를 하나 번쩍 들고 다시
들어간다. 이상한 낌새를 눈치챈 형사 하나가 기다렸다는 듯 동료들을
부르고 달려든다. 발버둥 치는 상현을 억지로 끌어내는 사람들.

87. 경찰서 (밤)

담요 뒤집어쓰고 진술서에 지장 찍는 상현, 손을 덜덜 떤다. 옆에서 승
대와 경비업체 직원이 증언하는 소리.

형사

일단 귀가하세요, 찾는 대로 연락드리겠습니다.

우리가 못 찾아두 본인이 결국 떠오르니까....

호수라 어디 흘러갈 데두 없구.

(일어나 걸어가는 상현 뒤통수에 대고 갑자기)

잠깐만요!

(불길한 표정으로 돌아보는 상현, 수포 가득 덮인 얼굴)
금지 구역에서 낚시하신 거, 그거는 벌금 내셔야 됩니다.

안도하는 상현, 고개 끄덕이고 간다. 승대 뒤를 지나는 상현.

승대
**....소리가 나서 랜턴을 비춰보니까, 배가 막 뒤집어지고 있더라구.
그래서 내가 신속히 일일구에 연락하고 현장에 접근 시도하는 사이....**

88. 수도원 앞 (밤)

텐트나 슬리핑백에서 자는 기적신봉자들. 잠 못 이루던 처녀 하나가, 안개를 뚫고 나타난 상현을 발견한다. 호각을 불자 다들 일어난다. 우뚝 서는 상현. 사람들, 모여들다가 흠칫 놀라 멈춘다. 이제 수포가 얼굴을 온통 덮어 괴물 같아 보이는 상현. 할아버지 한 명이 성호를 그으며 무릎 꿇는다.

할아버지
우리를 대신해 다시 병을 얻으셨다!

호각 처녀도 무릎을 꿇으며 '상현의 기도'를 낭랑한 소리로 읊기 시작한다. 이제 유명한 기도문이 된 모양이다.

처녀
주 예수 그리스도의 이름으로 저에게 다음과 같은 것을 허락하소서.
(남은 이들도 하나둘 무릎 꿇으며 입을 모아)
**살이 썩어가는 나환자처럼 모두가 저를 피하게 하시고
사지가 절단된 환자와 같이 몸을 마음대로 움직일 수 없게 하시고**
(우두커니 서서 바라보던 상현,
몸을 날려 높다란 수도원 담을 훌쩍 넘어간다.

사람들 입을 딱 벌리고 지켜본다. 더욱 커지는 기도 소리)
두 뺨을 떼어내어 그 위로 눈물이 흐를 수 없도록 하시고
어깨와 등뼈가 굽어져 어떤 짐도 질 수 없게 하소서.
머리에 종양이 든 환자처럼 올바른 지력을 갖지 못하게 하시고....

89. 정원 (밤)

가로등 아래 휠체어, 노신부 앞에 무릎 꿇고 앉은 상현.

상현
근데요....호수 바닥에 집이 있는 거예요, 수몰지구지....
(고개 끄덕이는 노신부.
상현, 문득 자기 손을 본다. 끝이 죄 짓무른 손가락들)
그래서 몇 번 물을 먹더니 죽긴 죽은 것 같은데
내가 올라가려고 하면 스르르 떠오르고, 또 자꾸 떠오르고 그래서....
거기 집에 들어가서 벽장에 넣고....
가슴에 큰 돌덩어릴 올려놓고 닫았는데....
꼭 문 열고 나와서 전화라도 할 것 같고....
벽장문 앞에도 돌덩어리 하나 막아놓고 와야 했나 싶기도 하고....
한 번 죽었으면 죽은 거겠죠, 신부님? 죽으면 끝이죠?
(대답을 기다리며, 거의 다 빠져가던 손톱을 아예 뽑아버리는 상현.
억제된 낮은 목소리로)
....보세요, 뱀파이어는 불사의 존재가 아니에요....
그래도 내 피를 원하십니까?
(두려움에 떨면서도 고개를 끄덕이는 노신부)
....그렇게 보고 싶으세요, 이 캄캄한 세상이?

노신부
(벌컥 화를 내며)
너는 남의 피로 연명하면서 네 피 한 방울 나눠 주는 건 아까워하느냐!

상현

(침착하게)

사죄경을 해주시면 드리죠.

노신부, 더듬더듬 상현 머리를 찾는다. 무릎 꿇으면서 노신부 오른손을
끌어다 제 머리 위에 놓는 상현.

노신부

인자하신 하느님 아버지, 성자의 죽음과 부활로 세상을 구원하시고

(피를 토하는 상현, 애써 침착하게 기도하는 노신부)

죄를 용서하시려고 성령을 보내주셨으니

교회를 통하여 이 교우에게 용서와 평화를 주소서.

(성호를 그으며)

나는 성부와 성자와 성령의 이름으로

당신의 죄를 용서합니다.

상현

(코피를 흘리며)

아멘.

노신부

주님을 찬미합시다.

상현

(눈과 귀에서 피를 흘리면서 노신부의 무릎에 엎어져, 헐떡헐떡)

....주님의 자비는....영원합니다.

노신부

(무릎으로 흘러내리는 상현의 따뜻한 피를 손에 묻히고 즐거워하며)

주님께서 죄를 용서해주셨습니다.

노신부가 손에 묻은 피를 핥으려 하자 재빨리 팔목을 잡는 상현. 혀를 길게 내민 채, 애원하듯 상현을 향한 노신부의 얼굴. 상현, 칼을 꺼내 노신부 손바닥에 올려놓고 손가락을 굽혀 자루를 쥐게 만든다. 칼을 함께 잡은 상현, 노신부 심장을 찌른다. 비명도 못 지르고 놀란 표정으로 정지한다. 상현, 노신부 옷을 벌려 가슴을 헤친다. 칼을 뽑고 피를 마신다. 노신부, 축 늘어지며 칼을 떨어뜨린다. 젖 빠는 아기처럼 한참을 노신부 가슴에 매달렸던 상현, 이윽고 입을 땐다. 뭔가 미진한 표정으로 입가를 닦으며 불안하게 두리번거린다, 출혈은 멎었고 수포도 꽤 없어졌다.

상현

(소리)

....팽개쳐졌단 기분이 내 인생을 지배한 거잖아요,

신부님이 진짜 부모랑 같나요?

좆 빠지게 기도해봐야 무슨 응답이 있길 하나....

90. 자동차 - 국도 (밤)

이따금 내비게이션 보아가며 운전하는 상현. 그 기계에 의하면, 좌우로 마을도 건물도 없는 길을 가는 중. 방수포로 포장된 노신부 시신, 조수석에 안전벨트를 매고 앉았다. 자연스럽게 이야기하는 상현, 꽤나 수다스럽다.

상현

근데 이 뱀파이어로 살아가는 기분이 어떠냐 하면요....한마디로....

선택받은 거 같아요....아, 내가 무관심 속에 버려진 게 아니었구나....

91. 자동차 - 동해안 (밤)

길의 끝에 도착하는 자동차, 내비게이션 화면에 바다가 보인다. 노신부를 내리는 상현.

상현

....어쨌든 나한테 어떤 특별한 역할을 맡기셨구나, 이런 거.

무슨 역할이냐? 난 모르지....유부녀 사랑하는 역할인가? 난 모르지....

한 사람의 흡혈귀로서 성실하게 살아가다 보면

언젠간 알게 되지 않겠어?

(절벽 끝으로 가, 시신 발을 잡고

투포환 하듯 빙글빙글 몇 바퀴 돌리다 놓는다.

멀리 날아가 바다에 빠지는 노신부,

파도의 흰 포말이 달빛을 희미하게 반사한다.

상현, 내려다보며)

....그죠?

92. 병원 복도 (밤)

무표정한 얼굴로 뚜벅뚜벅 형광등 아래를 걷는 상현.

93. 태주 입원실 (밤)

귓불에 거즈 붙이고 누운 태주. 침대 곁에 서서 이블린과 영어로 대화하
는 상현.

상현

가서 주무세요, 피곤할 텐데.

이블린

(고개를 젓더니 엄숙하게 선언이라도 하듯)

내 유일한 친군 걸요.

(손을 모아 태주를 가리키고)

기도해주시면 나을 거예요.

(상현이 머뭇거리자)

어서요!

할 수 없이 태주 옆에 무릎 꿇고 기도하는 상현. 한국어를 알아듣지는 못하지만 나름대로 기도하는 이블린.

상현
(기도 투로 리드미컬하게 억양을 넣어)
태주씨께 비옵니다, 태주씨....지친 잠에서 깨어 이 기도를 들으소서.
강우가 술을 좀 마신 상태였다고 말해두었으니
태주씨도 참고인 조사 받을 때 소주 한 병이라고 증언하소서.
힘든 시간이 지나면 우리 언제까지나 함께 있게 될 것이니
일단 내가 떠나 당분간은 만나지 말아야 할 줄 아옵니다.
내 얼굴은 비록 냉담하고 둔감할 것이나
내 심장은 항상 당신을, 오직 당신만을 생각하며 뛰겠나이다.
그리하여 우리가 다시 만나는 그날,
우리가 끝내 행복해질 것임을 굳게 믿사옵니다.

이블린
아멘.

태주, 힘없이 입술만 살짝 움직여 '아멘' 한다. 이블린, 엄숙하게 성호 긋는다.

94. 댐 (낮)

수몰된 전신주며 고사목들이 삐죽삐죽 올라온 수면에 빗방울 떨어진다. 잠수부들 머리가 쑤욱 올라온다. 철벅철벅 뭍으로 걸어오는 잠수부들. 우산 쓴 라여사, 형사들 옆에 쪼그리고 앉았다.

95. 강우네 부부 침실 (낮)

방문을 안에서 잠그는 태주, 옷장에서 예쁜 원피스를 꺼내 입어본다. 전신거울을 본다.

96. 유간호사 원룸 (밤)

작은 램프만 켜진 방, 침대에 똑바로 누운 유간호사. 수포로 덮인 얼굴을 한 상현, 링거 튜브 달린 바늘을 내민다. 받아서 능숙하게 자기 팔에 라인을 잡고 찔러 넣는 유간호사. 손목에 자살 기도 흔적이 몇 줄이나 보인다. 침대 옆 바닥에 눕는 상현, 튜브의 반대편 끝을 입에 문다. 창밖에 비.

97. 부부 침실 (낮)

콧노래 부르면서 화려한 옷들을 입었다 벗었다 하는 태주. 전신거울을 보면서 립스틱 바르다가 재채기 소리에 동작 멈춘다, 겁에 질려 천천히 돌아본다. 가슴에 큰 바위 얹고 침대에 누운 강우 귀신, 눈 끔뻑끔뻑하며 이쪽을 본다. 흠뻑 젖은 데다 코에는 말간 콧물이 대롱대롱.

98. 거실 (밤)

소반에 놓인 강우의 영정. 창밖에 비 많이 온다. 모여 앉은 태주와 라여사, 승대와 영두. 앞치마 입고 시중드는 이블린, 라여사 앞에 보드카병과 작은 잔 놓아준다. 방금 장례를 마친 듯 모두 상복 차림에 퉁퉁 부은 얼굴들이다. 라여사는 얼이 빠진 듯한 얼굴, 보드카를 물컵에 따라 마신다. [선창에 울러왔다]가 흐르는 가운데 이난영 대사 '생각을 말아야지....' 대목마다 따라서 중얼거리는 사람들.

승대

그래두 이 경찰 입장에서는,

시신이 나와 줘야 사건을 종결할 수가 있는데....
그리구 라여사, 강우가 말야....
수영도 못하지, 어디 살아 있겠거니 미련 가지구 그러면 안 돼요.

라여사
(힘이 하나도 없는 목소리로)
강우 수영해요.

승대
(잠시 조용하다가)
신부님은 계속 전화 안 받나?

영두
충격이 크셨나봐.
(누군가 계단 올라오는 소리)
장례식엔 올 만두 한데....

발걸음 소리 가까워지더니 문 열린다, 비에 흠뻑 젖은 상현. 라여사, 눈이 휘둥그레지며 벌떡 일어서 외친다.

라여사
강우야!

뛰어가 상현을 껴안는 라여사. 당황한 상현, 잠깐 그대로 섰다가 라여사를 떼어낸다.

상현
저 상현이에요, 어머니....제가 다 젖어서....

라여사

(상현의 얼굴을 감싸고)

아이고, 내 강아지....왜 인제 왔어....전화 한 통 안 하고....

(울면서 상현의 등짝을 때리며)

나쁜 놈....개새끼, 이 상놈의 새끼....

갑자기 눈이 뒤집히며 상현의 팔 안에서 스르르 쓰러지는 라여사. 깜짝
놀라 몰려드는 사람들.

99. 병원 라여사 입원실 (밤)

몸 여기저기에 수액과 약병, 계기들, 산소 호흡기를 달고 누운 라여사.
보조 침대와 의자를 놓고 둥글게 모여 앉은 태주와 상현, 승대, 영두와
이블린, 서로서로 손을 잡았다.

승대

이러니까 평소에 혈압관리가 중요하다는 거야, 술 조심하고.

영두

절대 짜게 먹지 말고.

승대

우리, 오아시스답게 긍정적 에너지를 막 보내서
어떻게든 라여사를 붙잡읍시다.
태주부터, 돌아가면서 한마디씩!

태주

(금방 닭똥 같은 눈물을 뚝뚝 흘리며)
엄마....죄송하고요....

승대

긍정적으로!

태주

(적당한 말을 못 찾고 머뭇거리다)

....꼭 벌떡 일어나세요....

승대

다음! 이블린, 한마디!

이블린, 눈 감고 타갈로그어로 기도한다. 멀뚱멀뚱 보는 사람들. 번쩍 눈 뜨는 이블린, 어설픈 한국말로 마무리한다.

이블린

꼭 버르떡 일어나세요....

얼른 이블린 옆, 상현을 보는 사람들. 상현이 할 말이 없어 머뭇거리는 틈을 타 이블린에게 귀엣말하는 영두.

영두

'벌', 떡.

100. 강우네 부부 침실 (밤)

침대에 나란히 앉은 태주와 상현.

태주

얼마 만이죠, 우리?

태주를 안는 상현, 조금 거리끼는 것처럼 살짝 입 맞춘다. 성에 차지 않는지 마구 덤벼드는 태주. 찬 손이 맨살에 닿아 선뜩한 듯 몸을 살짝 뒤로 빼는 태주. 흥분했다기보다는 집중하려고 노력하는 것처럼 두 사람, 키스하며 침대에 눕는다. 상현, 태주 팬티에 손을 넣다 말고 화들짝 놀라 일어선다.

상현

왜 이렇게 젖었어요?

태주

(기가 막혀)

네?

상현

(시트 아래 침대 여기저기를 더듬으며, 신경질이 잔뜩 나)

물이 새나....?

태주

(짜증을 꾹 참고, 매달리며)

일루 와요, 신경 쓰지 말구....

(이상한 듯 침대를 만져보고 냄새 맡는 상현을 지켜보다)

....그냥 심리적인 거예요.

(이리저리 살피기를 멈추지 않는 상현.

태주, 지겹다는 듯 벌떡 일어나더니 목소리를 높이며)

일루 좀 올래요, 호들갑 떨지 말고?

다시 끌어안는 남녀, 열심히 몸을 놀리지만 시늉만 내는 꼴이다. 어떤 생각 때문에 작업에 집중을 못하는 상현, 결국 태주 귀에 대고 발설하고 만다.

상현

여기두 왔다 갔어요?

억지로 흥분하는 척만 하던 태주, 그나마 움직임조차 뚝. 싸늘해진다. 몸을 떼고 떨어져 눕더니 상현을 똑바로 보면서 배짱 있으면 이름을 대 보라는 듯 묻는다.

태주

누가요?

노려보며 식식대기만 하지 말을 못하는 상현.

잠시 후 –
나란히 누운 남녀, 잠 안 온다. 물을 많이 먹어 올챙이처럼 배만 볼록한 강우 귀신, 가운데서 쌔근쌔근 잘 잔다.

101. 공원 (낮)

햇살 가득한 대기, 멀리서 아이들 노는 소리. 평화롭다. 휠체어에 앉은 채 멍하니 입 벌린 라여사. 콤팩트를 들고 라여사 볼을 톡톡 두드려주는 태주, 눈이 퀭하다. 라여사, 눈동자를 좌우로 움직인다. 태주, 거울을 보여준다.

태주

고만할까?
(라여사, 눈을 깜빡깜빡 한다. 태주, 콤팩트 집어넣으며)

고맙다구?
(다시 눈동자를 깜빡이는 라여사)

아유, 이쁘다....
(안쓰러운 얼굴로 포옹해준다.

태주, 이내 꾸벅꾸벅 졸기 시작하더니 휴대전화 벨 울리자 받아서)
예, 안녕하세요....예....예, 거짓말 탐지기요?
....내일은 제가 시간이 안 되는데....
(자신 없는 목소리로)
그럼 모레로 하고요....예.

휴대전화 닫는 태주, 심란한 표정.

102. 강우네 반지하방 (새벽)

좁은 창, 가려놓은 커튼 틈새로 들어오는 새벽 햇빛. 방 가운데 누운 캐비닛 위에, 젖은 바위. 안에서 상현이 밀어내느라 흔들흔들. 안에서 들리는 고통스러운 목소리.

상현
아악! ....비켜! ....흐어억!

103. 부부 침실 (새벽)

누운 태주, 뒤척일 때마다 물침대 출렁출렁. 눈 감고 잠을 청하는데 얼굴 위로 드리워지는 그림자. 눈 뜨자 입을 헤 벌린 강우가 올라타고 앉았다. 놀라 비명 지를 때 실밥가위를 입에 넣는 강우. 가위가 빠져나가자 입을 꼭 다무는 태주, 하지만 이내 입이 저절로 쩍 벌어진다. 가위 들어온다. 가위가 빠지면 자기 의지로 입을 닫았다가 다시 다가오면 자기도 모르게 열린다. 재봉틀의 간헐운동처럼 반복된다. 있는 힘을 다해 이불을 끌어올려 뒤집어쓰는 태주. 어느새 들어왔는지 강우가 내려다보며 또 가위를 입에 넣는다. 이불 아래서 발버둥 치는 태주, 키득거리는 강우.

104. 반지하방 (아침)

물을 먹는 것처럼 헐떡거리는 상현 소리, 캐비닛의 모든 틈으로 물이 흘러넘친다. 꼬르륵 소리, 캐비닛 밖으로 쏟아져 내리는 물줄기.

105. 부부 침실 (밤)

침대에 누운 태주, 천장만 쳐다본다. 노크 소리 들려도 대답 안 한다. 빼꼼 열고 들여다보는 상현, 초췌할 대로 초췌해진 얼굴에 눈만 빛난다.

잠시 후 –
정사 중인 남녀. 누운 태주와 그 위에 엎드린 상현 사이에 끼인 강우. 상현이 푸시할 때마다 강우의 올챙이배가 꾹꾹 눌리면서 입에서 물을 토한다. 다급하고 초조한 표정으로 강변하는 상현.

상현

믿지 마....이거 다 환상인 거 알지?

태주

(이를 악물고)

그럼요, 심리적인 거죠.

진저리 쳐지는 촉감을 무시하려고 안간힘 쓰는 상현과 태주. 천진한 표정으로 흔들리면서 규칙적으로 물을 뿜어내는 강우. 페이드아웃.

106. 반지하방 (아침)

흥건히 젖은 바닥, 닫힌 캐비닛. 위층에서 계단을 또각또각 내려가는 구두 소리, 점점 커진다.

107. [행복한복] (아침)

계단 내려오는 태주의 구두 신은 발, 한복집을 가로질러 문 열고 나간다.

108. 영두네 거실 (낮)

푹 꺼지는 가죽 소파에 앉은 태주, 꾸벅꾸벅 존다. 녹차를 내오는 영두. 태주, 번쩍 깨어 불안한 표정으로 두리번거린다. 영두, 앞에 앉더니 탁자 위의 봉투를 슬쩍 밀어놓는다.

영두

일단 넣어두시면서....

태주

이런 걸 왜....이블린은....?

영두

걔야 친정에 잠깐 갔지만서두....
여자가 혼자 있으면 어려운 게 많다는 얘기지.
(너무 졸려 정신 못 차리는 태주 옆자리로 옮겨 앉으며)
몸이 외롭고....그지?

태주 가슴에 손을 턱 갖다 댄다. 태주, 벌떡 일어선다. 옆으로 쓰러지면서 치마 속으로 머리를 집어넣는 영두, 재빨리 팬티를 끌어내린다. 눈 깜짝할 새에 이루어진 민첩한 동작. 팬티에서 오른발을 빼 영두의 가슴을 짓밟는 태주, 고통에 신음하는 사이 달아난다. 쫓아가 뒤에서 머리채를 낚아채는 영두, 태주를 자빠뜨리면서 올라타고 앉는다.

잠시 후 -
커튼 새로 들어온 햇빛에 노출된 태주의 푸석푸석한 얼굴, 꾸벅꾸벅 졸다가 퍼뜩 깬다. 옷 다 입은 채 영두 위에 올라타 앉은 태주, 불만스러운 얼굴로 내려와 바닥에 떨어진 팬티를 줍는다. 다 찢겨 너덜너덜해진 팬티를 팽개치고 나간다. 벌거숭이 영두, 기진맥진 상체를 일으키고 쉰 목소리로 항변한다.

영두
가?
....사람이 어떻게 연달아서 다섯 번을 해....?

109. 골목(밤)

[행복한복] 앞에 서서 초조하게 골목 끝을 내다보는 상현. 멀리서 들려오는 또각또각 구두 소리, 점점 커진다. 케이크 상자 들고 오다가 상현보고 멈칫했던 태주, 다시 걸어와 앞에 선다. 고개를 숙여 태주 목의 냄새를 맡는 상현, 본능적으로 몸을 조금 빼는 태주. 상현, 슬픈 눈으로 잠시 바라보다 뒤돌아 성큼성큼 집으로 간다.

110. 거실 (밤)

어두운 실내. 자주 고름 달린 진초록 한복 입고 뽀얗게 분 바른 라여사, 안락의자에 앉았다. 초 66개가 꽂힌 거대한 생일케이크를 맞들어 라여사 코 밑에 대고 앉은 태주와 상현. 라여사가 초를 불어 끌 리는 없고, 콧김에 불꽃이 조금 흔들리기는 한다. 헝클어진 머리에 침실용 가운만 걸친 태주. 술이 오른 듯 얼굴이 붉고 눈이 풀린 남녀, 여기저기 술병들 널렸다. 둘이 함께 촛불을 불어 끄고 박수. 상현이 초를 뽑는 사이, 케이크를 보며 갑자기 우울해지는 태주.

태주
엄마는 나한테 생일파티 한 번 해준 적 없어.

일어서더니 냅다 라여사 뺨을 후려치는 태주. 스스로도 놀랐는지 엉거

주춤 손을 거두고 섰을 때, 상현 일어서서 태주 따귀를 갈긴다. 옆으로
넘어지는 태주.

상현

버릇없이!

태주, 맞을 짓 했다는 듯 순순히 일어나 전등을 켜고 앉는다. 상현이 케
이크 접시를 내밀자, 라여사부터 먹인다.

태주

그래두 먹을 건 배불리 먹게 해줬어, 언제나.

상현

'고맙습니다', 해.

태주

(라여사 볼에 뽀뽀하며)

고맙습니다....

(앉으며 상현에게, 걱정스레)

있잖아, 당신이 그 형사 좀 만나보면 안 돼?

요즘 배 안 고파?

상현

(정신 차리라는 듯 태주 이마를 손바닥으로 가볍게 밀며)

요번 생일은 내가 꼭 차려줄게.

태주

(금방 눈물 글썽이며)

정말? 태어나서 처음 생일파티?

(덥석 끌어안고 뺨을 부비며)

근데....나 있잖아, 사실은 생일을 몰라.
(회한에 찬 눈물을 흘리는 태주,
더 세게 상현을 안고 키스 세례를 퍼붓다가 갑자기 생각난 듯 투정)
근데 상현씨가 대장이야?
이래라저래라....막 때리고....
오빠는 나한테 손 한 번 안 댔는데....

순간 얼굴 굳어지는 상현, 태주 어깨를 붙잡고 밀어낸다. 얼굴을 빤히 본다. 실수를 깨닫는 태주. 조용히 일어서는 상현, 라여사를 안락의자와 함께 가볍게 들어 방에 들여다 놓는다. 태주, 어떻게 모면해야 하나 골똘히 생각한다.

111. 부부 침실 (밤)

문 벌컥 열린다. 거칠게 태주를 끌고 들어오는 상현, 분노를 힘껏 억누르느라 한 마디 한 마디 씹듯이 말한다.

상현
강우가 손댔어, 안 댔어?

태주
그게 뭐가 중요해?

상현
걔는 그거 때문에 죽었어.

태주
핑계대지 마, 당신은 결국 죽였을 거야.
무슨 이유를 대서든 죽이구 오빠 자리를 차지했을 거야.
그게 당신 본성이니까!

상현

내가 얼마나 노력했는지 알아, 사람 안 죽이려고?
그게 얼마나 힘든지 알아?
뱃속에선 피에 굶주린 짐승이 울부짖고 날뛰는데
행여 누구라도 다칠까봐 걸음까지 살살 다녔어.
너 때문에 무너진 거야, 너를 구하려고!

태주

(어이없다는 듯)
나를 구하려고?!
근데 나는 왜 이렇게 됐어? 왜 잠 한번 푹 못자고
당신 그 싸늘한 손이 몸에 닿을까봐 벌벌 떠는 신세가 됐어?

분이 나서 덜덜 떨며 노려보는 상현. 태주, 재빨리 달아난다.

112. 라여사방 + 거실 (밤)

들어와 주저앉는 태주, 라여사의 무릎을 붙들고 운다. 뒤따라오는 상현.

태주

엄마, 엄마....전 이제 끝이에요....저 남자가 저를 죽일 거예요.
아이고....불쌍한 우리 오빠....
엄마가 제일 불쌍해요, 이런 꼴을 당하려고 저 악마를 아들처럼
대해주셨네....

상갓집에서 곡하는 여자처럼 울고불고하는 태주, 영문 모르고 불안한
눈만 이리저리 굴리는 라여사. 화장대 스툴에 앉아 팔짱 끼고 지켜보는
상현.

상현

내가 혼자 했어?

(어느새 강우 목소리로 변해)

....당신이 시켰잖아?

태주, 깜짝 놀라 고개를 들자 안락의자 너머 라여사의 침대에 누운 강우 보인다. 상현을 손가락질하는 태주.

태주

아냐, 저 놈이 먼저 그랬다니까!

강우고 어머니고....

(어느새 강우 목소리로 변해)

....다 죽여버리겠다고!

(라여사, 사태를 파악하고 눈 주위가 부들부들 떨린다.

아차, 하는 태주와 상현, 잠시 침묵.

긴장된 가운데 서로를 번갈아 바라보는 세 사람.

라여사 눈에서 닭똥 같은 눈물이 뚝뚝 떨어진다.

태주, 상황을 모면하려고 과장된 연기를 하듯 손으로 귀를 막고)

으아아아.....

(어느새 강우 목소리로 변하며)

아아아아아....

(강우를 찾아 두리번거리는 상현,

몸 뒤에서 강우 왼팔이 나와 몸을 안고 오른손이 코와 입을 막는다.

라여사도 강우 찾느라 분주히 눈동자를 사방으로 돌린다.

계속 여자같이 고음의 비명을 지르면서 뒤로 넘어가는 강우.

상현도 비명 지르면서, 스툴에서 뒤로 떨어져 나뒹군다.

숨을 몰아쉬며 패닉 상태에 빠진 라여사.

제 목소리를 찾은 태주, 라여사 무릎에 아이처럼 찰싹 매달리며)

잘못했어요, 용서해주세요....제가 오빠를 지켰어야 했는데....

너무너무 착한 오빠....

(상현을 홱 돌아보고)
오순도순 우리 세 식구 잘 사는 집에 들어와 가지고....
(침을 탁 뱉더니)
너는 병균이야!

상현
언제는 귀엽다며, 이....씨발년아!

태주 팔을 움켜잡고 뒤로 던져버리는 상현. 깜짝 놀라 눈이 휘둥그레지
는 라여사. 휙 날아 벽에 부딪혀 뒹구는 태주, 엉금엉금 기어온다. 충격
과 공포를 견디다 못한 라여사, 거품을 물더니 실신한다. 태주, 얼른 라
여사를 의자에서 끌어내려 바닥에 눕혀놓고 심장마사지를 해준다.

태주
엄마, 엄마....정신 차리세요, 이렇게 가시면 안 돼요.
용서한다고 한마디만 해주세요....
(태주를 밀치고 라여사에게 인공호흡과 심장마사지 하는 상현.
강력한 힘에 기침을 하면서 번쩍 눈뜨는 라여사,
남녀를 보고 다시 질끈 감는다.
태주, 울며불며)
엄마....저 좀 보세요....
눈만 한 번 깜빡여주시면 용서하시는 줄 알게요....
(검지를 세워 내밀며)
눈 깜빡 한 번만....예?
(듣기 싫은 듯 눈을 질끈 감은 라여사, 눈물 흐른다.
상현에게 달려들어 할퀴려 하지만
손목을 붙들리자 더 발버둥 치며 절규)
차라리 죽여, 이 악마야!
전에도 불행했지만 지금은 더 끔찍해!

어디선가 강우가 흥얼거리는 남인수 노래 울려 퍼진다. 남편을 찾아 허공을 두리번거리는 태주.

강우
찾어갈 곳은 못되드라 내 고향, 마즈막 울든 고향이길래
이슬비 나리는 낯설은 지붕 밑을 헤매돌며 울 적에....

태주
....오빠, 어딨어?
내가 가엾어서 못 가고 있지?
이제야 알 것 같아, 오빠가 얼마나 아껴줬는지....
이렇게 살려던 게 아니었어.
(라여사 겨드랑이에 손을 껴 질질 끌고 나가며)
나가요, 저 악마가 엄마 피두 쭉쭉 다 빨아 마실걸?
(갑자기 손을 뻗어 라여사 발목을 붙드는 상현,
복도에 나가 끌어대는 태주.
문지방에 걸린 라여사는 머리만 복도에.
줄다리기를 하던 태주, 라여사를 놓고 거실로 달아난다.
쫓아가 붙잡는 상현, 울며 애원하는 태주)
오빠한테 갈래....죽여줘요, 제발....

상현
(광기로 눈을 번득이며)
오빠한테 갈래?
(끄덕이는 태주의 목을 붙잡고)
가고 싶어, 남편한테?
(오기에 찬 얼굴로 더 크게 고개 끄덕이는 태주.
상현, 태주의 목을 서서히 조르며)
갈래?
(피가 몰려 얼굴이 새빨개진 태주, 숨이 막히는 듯 헉헉거린다.

상현, 울면서)
정말?

태주
갈래....

필사적으로 고개 끄덕이는 태주. 상현, 힘을 준다. 으드득 목뼈 부서지는 소리, 피를 울컥 토하고 숨이 끊긴다. 라여사, 눈도 안 깜빡이고 지켜본다. 얼빠진 얼굴로 주저앉는 상현, 태주 코와 입에서 숨이 나오는지 얼굴을 대보더니 끌어안고 소리죽여 운다. 라여사의 눈, 기쁨으로 둥글어진다. 태주 입에서 흘러나온 따뜻한 피가 상현의 손을 거쳐 바닥으로 뚝뚝 떨어진다. 손에 묻은 피를 한참 보던 상현, 음미하듯 조심스럽게 핥는다. 태주 가운의 벌어진 앞섶, 가슴으로 피가 흐른다. 젖가슴부터 입술까지 핥아 올라가는 상현, 몸에 묻은 피를 다 마시고 나자 메스를 꺼내 태주 손목을 그은 다음 허겁지겁 흡혈한다. 상현 목으로 피 넘어가는 소리, 실내를 울린다. 태주 얼굴 점점 창백해진다. 상현, 무심코 눈을 들었다가 자기를 뚫어지게 바라보는 라여사와 마주친다. 당황하는 상현, 수치심에 어쩔 줄 몰라 하며 태주를 내동댕이친다. 망가진 인형처럼 팽개쳐진 태주. 상현, 메스로 제 손목을 긋는다. 벌어진 태주 입에 피를 떨어뜨린다. 그러나 이내 상처가 아물어버린다, 다시 긋는다. 이번에는 바로 태주 입에 갖다 댄다. 태주, 손가락부터 약간 움직이더니 곧이어 빨기 시작한다. 상현, 다시 태주 손목을 자기 입에 가져간다. 서로의 손목을 빠는 남녀, 피가 순환한다. 태주 손을 놓고 혀를 내미는 상현, 눈 질끈 감고 꽉 깨문다. 혀에서 피를 철철 흘린다, 키스한다. 태주 얼굴에 핏기가 돌아온다. 상현 머리를 양손으로 붙드는 태주, 있는 힘껏 혀를 빨아들인다. 이윽고 충분히 피를 제공했다고 생각한 상현, 입술을 떼려 하지만 놓아주지 않는 태주. 겨우 밀어내고 입을 닦는 상현, 지친 표정. 혀를 내밀어 입술에 조금 묻은 피를 핥는 태주, 눈 감고 음미하면서 부러져 축 처진 목을 펴 뼈를 맞춘다. 귀와 손목의 상처가 아물더니 발바닥 굳은살도 사라지고 보들보들해진다. 초조하게 관찰하는 상현, 눈시울이 젖는다. 아무래도 아쉬운 듯 두리번거리던 태주, 라여사를 발견한다. 메스를 집어 들고 다가간다.   라여사 목덜미에 대는 태주, 뒤에서 상현이 붙든다. 돌아보는 태주. 묵묵히 고개를 젓는 상현, 눈물을 흘리며 태주를 안는다.

상현

해피 버스데이, 태주씨.

상현, 태주의 가운을 벌려 얼굴을 묻는다. 상현이 가슴을 애무하는 동안 휴대전화를 찾아드는 태주.

태주

형사님?

제가요, 낮에는 안 될 것 같거든요? 좀 늦출....

(상냥한 목소리에, 생기 있는 아름다움을 발산하는 태주)

....예, 해 떨어진 다음에요....

화사하게 웃으며 아기처럼 자기 가슴에 매달려 있는 상현을 만족스럽게 내려다보는 태주 얼굴에서 디졸브 – 화면 가득, 스카이라인 너머로 기울어 사라지는 해.

113. 반지하방 (저녁 – 밤)

창을 가려놓은 천, 조금 보이는 유리로 오렌지색 노을빛이 들어오다가 점차 캄캄해진다. 방 가운데 누운 캐비닛 문이 조심스럽게 열린다. 한 팔로 태주의 목을 끌어안은 상현, 사랑스럽다는 듯 가만히 들여다본다. 태주 뺨을 살살 쓰다듬어보는 상현, 눈을 뜨고 배시시 웃으며 기지개 켜는 태주.

태주

아함- 해가 벌써 졌네?

114. 거실 + 부엌 (밤)

부서진 집기들과 가구를 치워버려 널찍해 보이는 실내, 벽에 흰 페인트 칠하는 상현. 강판에 야채와 과일을 가는 태주, 앞에 놓인 거울을 연신 들여다본다. 귀의 상처도 싹 나았고 피부도 윤택해진 것 같고, 맘에 썩 든다. 콧노래가 절로 난다. 정신없이 거울만 보다가 강판에 오른손 집 게손가락을 긁힌다. 살점이 약간 떨어져나갔다.

태주

아야!

(야채즙에 피가 한 방울 뚝 떨어지지만 눈치 못 챈다.
거짓말처럼 상처가 아무는 모양만 보고 그저 신기해서)

허힛!

115. 라여사 방 (밤)

TV를 향한 안락의자. 라여사, 팔걸이에 놓인 손을 내려다보면서 움직여 보려고 노력 중이다. 최선을 다하고 있는 듯 얼굴은 붉어지고 얼굴에 땀 방울 맺혔다. 손가락은 미동도 없다. 태주 들어오는 소리 들리자 눈을 질끈 감는다. 태주 손에 들린 유리잔, 또각또각 구두 소리. 눈을 꾹 감은 라여사, 먹지 않으려는 기색이 역력하지만 태주는 손가락 몇 개로 간단 하게 라여사의 고개를 뒤로 젖히고 입을 벌려 야채즙을 넣는다. 삼키지 않으려 하자 생글생글 웃으면서 라여사 코를 쥐는 태주, 쑥 넘어가는 야 채즙. 입을 닦아주면서 아기에게 하는 투로 칭찬해준다.

태주

아유, 잘 먹었어요, 이뻐요....

(약이 올라 눈을 치뜨고 노려보는 라여사.
태주, 라여사의 실내화 벗기고 구두를 신기며)
앞으로는요, 집에서 신 신구 다니기....미국처럼....인제 내 맘이니까.
그리구 엄마두 낮에 주무셔야 돼요.
밥두 밤에 먹구, 응가두 밤에 하구....뉴욕 살다 왔다구 쳐요.
(갑자기 라여사의 오른손 집게손가락이 꿈틀,
확 돌아보는 태주의 날카로운 눈매)
움직였어?
(시치미 떼는 라여사. 안심한 태주, TV를 가리키며)
갔다 올 테니까 티비 봐, 졸지 말구.

태주, 돌아서 나간다. 놀란 눈으로 자기 손을 내려다보는 라여사, 집게손가락 다시 한 번 꿈틀.

116. 경찰청 검사실1 (밤)

책상에 놓인 거짓말 탐지기, 그래프가 그려진다. 손목에 검사기기를 단 상현, 거울벽을 향해 앉았다.

검사관1
박태주를 사랑합니까?

117. 모니터링룸 (밤)

검사실1과 2 사이에 위치한 어두운 방. 통유리 너머로 검사실들이 훤히 들여다보인다. 형사 혼자 가운데 앉아 좌우로 상현과 태주를 지켜본다, 전에 상현을 신문했던 자다. 양쪽 방에서 나누는 대화 소리는 스피커를 통해 전달된다.

상현

허허-

(검사관2와 마주 앉은 태주, 입술을 깨문다.
방음벽을 통해 들리는 옆방 소리에 귀 기울이는 태주)

....그럴 리가요.

검사관2

현 신부가 필요 이상으로 집에 자주 드나들었다는데....

118. 검사실2 (밤)

거울벽을 향해 앉아 조사받는 태주.

검사관2

....두 분은 어떤 관계입니까?

태주

저는 신부님이 처음부터 싫었구....

119. 검사실1 (밤)

벽 너머 태주 목소리를 듣는 상현.

태주

....남편한테도 그렇게 말했어요.

120. 복도 (밤)

얼굴 잔뜩 찌푸린 채 걸어가는 태주, 마주 지나는 사람들 눈치 못 채게
고개 숙인 채 입속으로 말한다.

태주

기분 드러워.

121. 주차장 (밤)

차에 타면서 혼자 중얼중얼하는 상현.

상현

택시 타구 가요....같이 가는 거 보면 또 의심할 거야.

122. 택시 (밤)

뒷자리에 앉아 골똘히 생각에 잠긴 태주.

123. 자동차 - 갈고개 (밤)

휴대전화 통화하며 한손으로 거칠게 운전하는 형사, 어이없다는 듯 비실비실 웃는다.

형사

아니, 굴다리루 가든 갈고개루 가든 제시간에 가면 되잖아요....

태주

(소리)

그냥 지금 어디쯤 오셨나 궁금해서....

형사

갈고개루 가구 있어요, 가구 있는데....
도대체 무슨 얘기길래 갑자기 그래요?

(소리)

아까 거짓말 조사, 그거요....

해놓고 오니까 갑자기 또 생각나는 게 있네요....현신부님이요....

고개 넘어 내리막길, 휴대전화를 든 채 갑자기 헤드라이트 빛으로 뛰어드는 태주. 급브레이크를 밟지만 소용없다, 멀리 튕겨나가는 태주. 뛰쳐나가는 형사, 외상 하나 없이 쓰러진 태주를 일으킨다. 태주, 형사의 목을 덥석 잡아 입을 막고 길가 덤불 속으로 질질 끌고 들어간다. 외투 주머니에서 실밥가위를 꺼내 다짜고짜 형사의 경동맥 위의 피부를 뜯어낸다. 핏줄기가 솟구치자, 맥주 거품 넘칠 때 사람들이 흔히 하듯 재빨리 입을 갖다 댄다. 맛있어 죽겠다는 듯 음음 소리 내며 빤다. 부릅뜬 채 부들부들 떨리는 형사의 눈, 서서히 정지한다. 흡혈을 마친 태주, 준비해온 삽으로 땅을 파기 시작한다. 놀라운 힘과 속도, 맛있는 식사의 여운이 가시지 않은 듯 쩝쩝 입맛을 다신다.

124. 골목 (밤)

콧노래 부르며 형사 차를 운전하는 태주, 코너링한다. 골목 초입에서 초조하게 서성거리는 상현과 마주친다.

잠시 후 -

가까이 마주 선 남녀. 상현, 또 태주 몸의 냄새를 맡고 있다. 숨을 삼키는 태주. 상현, 슬픈 표정으로 한숨 쉬더니 태주 어깨에 손을 얹고 가만히 눈을 들여다본다. 태주, 거칠게 손을 뿌리치고 형사의 자동차 위로 사뿐 뛰어오른다.

태주

난 하나도 부끄럽지 않아.

상현

(따라 올라가)

피는 내가 구해준댔잖아!

태주

(코웃음 치며)

병원에서 훔쳐오는 피?

상현

딴 것두 있어.

태주

뭐?

상현

자살하고 싶어 하는 사람을 도와주고 있어.

(기막혀 하는 태주를 향해 서둘러)

고백성사를 많이 들었기 때문에 그런 사람 많이 알거든.

그 사람들 다 떨어지면 인터넷으루 모집할 생각이야.

(수줍게)

내가 도와주면 사람들이 아무래두 좀 편하게 죽음을 맞이하는 거 같애.

태주

(낮은 담벼락 위로 점프, 탁탁탁 뛰어 옆집 지붕에 오르며)

순순히 내주면 그게 무슨 맛이야?

(실밥가위를 꺼내 찰칵찰칵 해 보이며)

....이게 더 맛있어.

상현

(따라가지만 태주보다는 둔한 몸놀림)

너 맛있자고 몇 명이....

태주
(홱 뒤돌며)
자꾸 인간적으루 생각하지 마, 인간도 아니면서.

상현
그럼 뭐야, 우리가?

태주
뭐긴 뭐야, 인간 먹는 짐승이지.
(깡충깡충 지붕을 뛰어 넘으며)
여우가 닭 잡아먹는 게 죄냐?

애써 따라가 결국 태주를 붙드는 데 성공하는 상현, 꼭 끌어안고 속삭인다.

상현
당신 살린 걸 후회하지 않게 해줘.

태주
당신은 날 죽여도 후회, 살려도 후회야....
우리 인제 헤어져.

상현
나한텐 그런 능력이 없어.
헤어질 수 있었으면 너를 왜 살렸겠어?

태주
(잠깐 말문이 막혔다가 땅 보면서 뽀로통하게)

....그럼 먹고 싶은 거 먹게 냅두든가.

상현

안 돼.

태주

(고개 들고 상현을 빤히 보며)

안 돼? 내가 죽어도 안 돼?

125. [행복한복] 앞 (낮 – 밤)

검은 커튼이 내려진 2층 집. 커튼과 창문 사이에 놓인 캠코더, 녹화 중임을 나타내는 램프. 햇빛 속에 잘 보이지 않던 빨간 불빛이, 주위가 어두워지면서 밝게 깜빡인다. 밤이 되었다, 강우네 2층 창이 유난히 환하다.

126. 강우네 거실 (밤)

창을 가리고 매달린 대형 벽걸이TV, 캠코더와 연결되어 강우네 골목의 아침 풍경을 재생 중이다. 새하얀 벽에, 천장마다 형광등, 곳곳에 각종 조명기구를 설치해 낮보다 환한 실내. 온몸에 수포가 가득한 태주, 눈 감고 힘없이 소파에 누웠다. 안락의자에 앉은 라여사, 눈을 또록또록 굴린다. 이불 위에 놓인 손, 집게손가락만 움직인다. 이마에 땀이 송골송골 맺힌다. 전자레인지에서 땡 소리 나자, 피가 담긴 유리컵을 꺼내 가져가는 상현. 태주의 입을 벌리고 흘려 넣는다. 코를 쥐고 기다리지만 태주는 미동도 없다가 피를 확 내뿜는다. 걸레로 피를 닦아내며 아깝다는 듯 신음하는 상현. 태주, 갑자기 쿨럭쿨럭 하더니 자기 피를 울컥 토한다. 부둥켜안는 상현, 어쩔 줄 몰라 한다.

태주

(겨우 입을 열어 힘없이)

여자는 이브한테서 안전하다며?

상현
당신 피....나하고 완전히 섞였잖아.

태주
난 여자두 아니네, 인제?

희미하게 쓴웃음 짓던 태주, 급히 몸을 돌려 엎드린다. 아프리카에서 상현이 그랬듯이 바닥에 엄청난 양의 피를 게워낸다. 두려움에 사로잡힌 상현, 재킷을 입는다.

상현
좀만 참아, 의사 데려올게.

나간다. 라여사를 유심히 보는 태주, 식욕을 억누르느라 힘들다.

잠시 후 -
계단 오르는 발소리, 구박사를 대동한 상현 들어선다. 게워놓은 피를 피해 다가가는 구박사, 태주 머리맡에 앉는다. 힘겹게 눈을 뜨고 바라보는 태주를 구석구석 살펴보고 미소 짓는 구박사.

구박사
안녕하세요?

다짜고짜 의사의 머리를 잡아 끌어당기는 태주, 미리 들고 있던 실밥가위로 목을 뜯는다. 나가버리는 상현. 눈 질끈 감는 라여사, 오른손 집게 손가락이 꿈틀거린다.

127. [행복한복] 앞 (밤)

상현, 골목 가운데 서서 심호흡한다. 구박사의 신음, 태주가 음미하는 소리, 꿀꺽꿀꺽 피 넘어가는 소리. 다른 집에서 나는 소리로 주의를 돌려보려고 노력하지만 실패한다. 가지가지 소음 아래 통주저음처럼 깔려 사라지지 않는 흡혈의 소리들. 상현, 귀 막는다. 이때 골목 어귀를 돌아 들어오는 차 한 대 있다. 고개 드는 상현, 가까워지는 헤드라이트 빛을 받아 급격히 하얘지는 얼굴. 혼잣말처럼 중얼거린다.

상현

태주씨....

128. 강우네 거실 (밤)

한창 피를 빨던 태주, 소리를 듣고 고개를 든다. 상현 목소리에 귀 기울인다.

상현

오늘, 무슨 요일이지?

129. 부엌 + 거실 (밤)

왁자지껄 웃음소리. 즐겁게 마작 하는 승대와 영두, 못마땅한 표정으로 마지못해 게임하는 상현과 태주. 식탁 아래, 실밥가위를 가지고 불안하게 조였다 놨다 하는 태주의 손. 구두 신은 사람들 발. 안락의자에 앉아 초조한 눈빛으로 관찰하는 라여사. 앞치마 두른 이블린만 라여사를 돌보거나 과일을 깎고 빈 잔을 채워주는 등 바쁘게 움직인다.

영두

눈빛이라는 게 오묘한 거예요.
긍정하고 부정 사이에 수많은 단계를 표현할 수 있거든?

승대

긍정 부정만 갖구 의사가 표현이 되나?
뭐 명사가 있어야지, 동사나.

영두

(손으로 제 눈을 가리킨 다음 승대를 가리키며)
눈이 바라보는 대상이 있잖아, 응시.
누가 사 초 이상 뭘 쳐다보면요,
다른 사람이 반사적으로 그걸 보게 돼요, 거기 뭐 있나 싶어서.

상현

발표된 연군가요?

영두

아직 발표를 못했지, 내가.
결혼 이 년에 눈빛 분야는 내가 권위자잖아,
그래서 이블린이 한국말이 안 늘어.

태주

그럼 엄마가 뭐라는지도 아시겠어요?

영두

바로 이거거든, 태주가 지금 내가 여사님을 슬쩍 보는 걸 본 거야.
내가 말을 하기 전에 하고 싶은 말을 이미 안 거지.
(라여사를 잠깐 바라보다, 방금 가져간 패를 다시 내려놓으며 단언하듯)
여사님은 지금 내가 이 패를 가져가면 안 된다고 하셨어요.
....그리고 아까는 보드카가 드시고 싶다고 하셨고....
(이블린에게 눈빛으로 말하는 영두,
얼른 일어나 밥그릇에 보드카를 담아 오는 이블린.
영두, 자기 패를 내놓고 쌓인 패 중의 하나를 가져가서는 반색이 되어)

났네! 녹일색!
(껄껄 웃으며 모두를 돌아보고)
봤지! 응?
여사님, 고맙습니다!
(갑자기 라여사를 뚫어지게 보는 영두,
애처롭게 자기 손과 영두를 번갈아 보는 라여사)
....여사님, 마작이 그렇게 하고 싶으세요?

승대

호오- 이블린하고 같이 편먹고 하면 어때?

영두

좋아요, 여사님....그럼 눈 깜빡이면 '예스'고
길-게 감았다 뜨면 '노'예요, 예?
알았으면 눈 깜빡?

눈 깜빡이는 라여사, 웃고 박수 치는 사람들. 이블린, 라여사의 손을 잡고 뭐든지 함께 한다. 숟가락으로 보드카를 떠먹이고 함께 패를 움직이다가 문득 이상하다는 듯 라여사 손을 식탁 위에 올려놓고 바라본다. 식탁에 깔린 보라색 인조 벨벳 위에 손톱으로 분명히 새겨지는 글씨, '다'. 힘이 들어 손가락이 부들부들 떨린다. 손톱은 이미 너덜너덜해지고 거의 빠지기 직전, 엉겨 붙은 피.

이블린

'다.'

승대

'다', 뭐?

이블린이 글자를 가리키자, 놀라 바라보는 사람들. 태주, 기겁한다.

태주

엄마, 손가락이 움직여요? 손톱은 왜 저래?

증명이라도 하듯 집게손가락을 덜덜 떠는 라여사. 그 사실을 부정하듯 라여사의 손을 감싸 쥐는 태주, 의자 팔걸이에 올려놓는다. 상현과 태주 시선이 마주친다. 승대가 마작 패 아래 반쯤 가려진 글자 하나를 찾아낸다.

승대

'여', '여', '여'....여기도 하나 있네!

라여사 주위로 몰려들어 글자를 바른 방향에서 읽으려고 하는 사람들. 태주와 불안한 눈빛을 주고받는 상현.

영두

'여다'?, '다여'?

이블린

'다'가 끝....'여다'.

상현

'여기다', 아닐까요?
(벨벳을 쓸어내서 글자를 지우며)
잘 찾아보면 '기' 자, 있을 거 같은데....

다들 라여사를 주목한다. 라여사, 눈을 내리깔고 안락의자 팔걸이를 뚫어지게 본다. 일제히 사람들 시선 이동. 이블린이 라여사 손을 천천히 들어올린다. 오랫동안 손톱으로 공들여 판 글자 하나가 드러난다, '죽'.

일동

'죽'!

승대

다, 죽, 여?

상현

(껄껄 웃으며)

안 그래도 어머니 때문에 요번 판 다 죽게 생겼어요.

이블린

(고개를 흔들며)

'다'가 끝!

'죽여다'!

승대

라여사, '다 죽여'지?

영두

(라여사가 눈을 길게 감았다 뜨자 나서서)

....그럼 '죽였다'?

(눈을 짧게 한 번 깜빡하는 라여사)

맞아요?

(다시 눈을 깜빡하는 라여사.

영두, 이블린 뺨을 쓰다듬고 의기양양하게 사람들을 돌아보며)

거봐, '죽였다'잖아!

태주

(신경질적으로)

알았으니까 빨리 하죠, 누구 차례예요?

승대

누굴 죽여?

라여사, 눈 돌려 어딘가를 뚫어지게 본다. 모두 그 시선을 따라갔다가
강우의 영정 사진을 만나고 당황한다.

태주

(라여사를 꺼안으며)

마작 하니까 자꾸 오빠 생각나는구나?
아냐, 엄마 탓이 아니에요....엄마 때문에 죽은 게 아냐....
인제 그만하고 들어가 주무세요.

급한 마음에 라여사를 의자와 함께 번쩍 든다, 깜짝 놀라 손가락질하는
영두.

영두

태주 힘이 엄청....

놀라 내려놓는 태주. 라여사 어깨를 붙잡고 진지하게 타이르는 승대.
상현과 태주를 번갈아 보는 라여사.

승대

라여사, 자꾸 이상한 생각하면 안 돼.
내 눈 똑바로 봐, 라여사.
그건 사고야, 누구 잘못도 아니야....누가 강울 죽여....
(라여사의 시선, 상현과 태주를 번갈아 집요하게 따라간다.
뒤돌아보는 승대, 슬슬 상현 뒤로 숨는 태주.
실수로 식탁 위의 마작 패를 떨어뜨린 상현, 주우려고 몸을 숙인다.
반사적으로 함께 몸을 숙이는 태주를 따라 라여사의 시선도 아래로.
태주 동작을 흘깃 보는 승대,

다시 라여사에게 고개를 돌리며 웃음 섞인 목소리로)
태주하구 신부님이....죽인 건....아니잖.....

승대, 순간 무엇을 보았는지 입을 딱 벌리고 말을 맺지 못한다. 공포에
질려 돌아보면, 역시 라여사에 시선을 고정한 채 하얗게 질린 영두 부부.
승대, 다시 라여사를 본다. 고장 난 자동인형처럼 엄청난 속도로 깜빡이
는 라여사의 눈. 모두 꼼짝 못하고 얼어붙은 채 정적이 흐른다. 한참 동
안 눈물을 철철 흘려가면서도 맹렬히 깜빡이는 라여사의 눈. 태주, 분위
기를 무마하려고 픽 웃지만, 그 소리가 히스테릭하게 떨린다. 이블린, 공
포영화 여주인공처럼 높고 날카로운 비명을 지르더니 이어 울음을 터뜨
린다. 상현과 태주, 마주본다. 태주의 슬픈 눈을 본 상현, 체념한 듯 어깨
를 축 늘어뜨리더니 식탁을 들어 문을 막는다. 마작 패와 유리컵, 접시
같은 것이 떨어지고 깨진다. 태주는 창마다 커튼을 내린다. 소리 지르
는 이블린, 눈 감는 라여사. 태주는 무시하고 상현 눈치만 보면서 천천
히 문으로 가는 승대. 태주, 승대가 자기 앞을 지나는 순간, 쫙 편 오른손
의 엄지와 검지 사이 근육으로 목울대를 감아쥐듯 올려친다. 승대 머리
가 완전히 뒤로 꺾인다. 상현, 뼈 부러지는 소리 들으며 얼굴을 찡그린
다. 기겁해서 벽장문을 열고 들어가려는 영두, 구박사 시체를 발견하고
소리 지르며 화장실로 달아난다. 이블린이 문짝을 두드리며 애원해도
안 열어준다. 태주가 다가오자 주방으로 도망가는 이블린. 태주, 손잡이
를 잡고 힘껏 당기자 문짝이 떨어지면서 쓰러진다. 손잡이를 붙잡은 채
엎어지는 영두. 재빨리 등에 올라타는 태주, 목을 조른다. 활처럼 뒤로
구부러지는 영두의 몸, 발버둥 친다. 참다 못해 달려가는 상현, 양손으로
태주의 옷깃을 움켜쥐고 들어올린다. 영두의 목을 붙잡은 채로 끌어올
려져 허공에 대롱대롱 매달리는 태주, 얌전히 상현을 내려다본다. 속삭
이는 목소리로 애타게 호소하는 상현.

상현
그만해.

태주, 상현을 똑바로 보면서 손아귀에 힘을 준다. 영두, 피를 토하면서 숨이 끊긴다. 태주가 손에 힘을 풀자, 떨어져 바닥에 엎어지는 영두. 상현, 태주를 끌어당겨 품에 넣는다. 다리로 상현의 허리를 감는 태주, 힘껏 포옹한다. 다리에 힘을 주자 고통스러워하는 상현, 손으로 풀어보려 애쓰지만 역부족이다. 거꾸로 상현의 목을 조르는 태주, 무시무시한 얼굴. 이번에는 태주의 손을 풀려고 발버둥 치는 상현, 역시 실패다. 상현 눈동자가 하얗게 돌아갈 때쯤 손과 다리에 힘을 풀고 떨어지는 태주. 무릎 꿇고 엎드려 캑캑대는 상현.

태주

냉장고 피, 자살하는 애들 피나 마시는 주제에.

픽 웃고, 죽어가는 승대한테 달려가는 태주.

130. 화장실 (밤)

축 늘어져 나란히 욕조에 기대앉은 승대와 영두. 바닥에 떨어진 핏방울, 동맥 자르는 데 사용한 실밥가위. 승대 목에 달라붙어 흡혈 중인 태주. 지켜보는 상현, 유혹을 느끼는 듯 마른 입술을 혀로 핥는다. 쪽쪽 소리를 내며 빨다가 입을 떼는 태주, 아쉽다는 듯 입맛을 다시고 다시 해보지만 역시 잘 안 나오는 모양이다. 보다 못해 참견하는 상현.

상현

죽어서 그래, 심장이 펌핑을 안 해주니까.
(입을 떼고 무슨 좋은 수가 없느냐는 눈빛으로 바라보는 태주에게,
조금 망설이다가)
....이....발목을 자른 다음에 말이야....
(내키지 않는다는 태도로,
집게손가락만 조금 까딱거려 천장을 가리키며)
머리를 매달아서 욕조 위에 넣어놓으면 말이야, 빨래처럼.

피가 다 아래로 빠질 텐데, 중력 때문에.
락앤락 같은 데 담아서 냉장고에 넣어두면 두고두고....

131. 부엌 (밤)

의자에 결박된 이블린, 땀과 눈물로 범벅된 얼굴. 시선은 불안하게 화장실로만 향하고 있다. 라여사 눈길을 느끼고 돌아본다. 라여사가 가리키는 시선 방향을 따라가 보면 식탁에서 떨어져 구석으로 굴러간 과도, 이블린과 멀지 않은 곳에 놓였다. 근처에는 부서진 휴대전화 잔해. 이블린, 몸부림을 친다. 의자와 함께 쓰러진다, 얼굴이 새빨개지도록 몸부림쳐서 칼을 향해 조금씩 나아간다. 무슨 학자라도 된 양 진지하게 견해를 개진하는 상현의 목소리.

상현

양수기도 생각해봤는데, 그래봤자 이만큼 철저하겐 안 뽑혀.
원시적이지만 그만큼 단순하고 완벽한 거야.
조금 빨아먹고 버리는 건 일종의....

132. 화장실 (밤)

눈높이보다 조금 위 어딘가 허공을 보며 설명에 몰두한 상현의 순수한 표정.

상현

....인명경시 아닐까?

말을 마치고 태주를 보는 상현. 제정신이냐고 묻는 듯, 걱정스러운 얼굴로 상현을 보며 나가는 태주.

133. 거실 (밤)

나오는 태주, 기다리던 이블린이 과도로 가슴을 찌른다. 순간 놀랐다가, 귀엽다는 듯 픽 웃는 태주. 무릎 풀려 주저앉은 이블린을 내려다보더니 옆에 앉는다. 슬픈 얼굴로 볼에서 목을 연신 쓰다듬는다.

> **태주**
> 이블린, 이블린....
> 너 없었으면 나 혼자 그 많은 김밥을 어떻게 쌌을까....
> 그런 개새끼하구 살면서 얼마나 힘들었니,
> 이블린....인제 다 괜찮아....좋지?

겁에 질린 이블린, 헐떡인다. 가슴에서 칼을 뽑아 내려놓는 태주. 화장실에서 고개를 내민 상현, 짜증을 부린다.

> **상현**
> 빨리 안 가져올 거야!

계단 내려가는 태주. 이블린을 향해 천천히 다가가는 상현, 두려움에 떠는 이블린.

134. 반지하방 (밤)

불을 켜고 여기저기 뒤지는 태주, 툴툴댄다.

> **태주**
> 도망을 왜 가, 내 집 놔두고....

> **상현**
> (소리)
> 네 사람이 다 없어지면 이 집부터 수색하지 않겠어?

135. [행복한복] (밤)

어둠 속에서 번뜩이는 톱을 들고 성큼성큼 계단을 오르는 태주. 끔찍하다는 듯 몸서리치는 태주.

> ### 태주
> **낮에 캐비닛 확 열면 우리 죽는 거야, 꼼짝없이?**
> (현관문 열며)
> **응?**

136. 거실 (밤)

문 열자, 이블린 목에 달라붙은 상현. 볼이 홀쭉해지도록 힘들어 빠는 꼴로 보아, 이블린은 이미 절명한 듯. 바람피우는 남편을 잡은 여자처럼 배신감 느끼는 태주. 입 떼는 상현, 머금은 피 삼키고 옆으로 흘러내린 피는 닦는다.

> ### 태주
> (앙칼지게)
> **지금 뭐하는 거야?**

> ### 상현
> (억울한 표정으로)
> **당신은 많이 마셨잖아.**

부끄러운 일을 하다 들킨 것처럼 이블린의 코트를 가져다 얼굴을 덮어놓는 상현, 톱을 들고 화장실로 간다.

137. 자동차 (밤)

운전하는 상현, 옆자리의 태주. 뒷좌석에 앉혀진 라여사. 울적해진 목소리로 침묵을 깨는 태주.

태주

우리 집....사람들이 신에 흙도 안 털고 막 들어오겠지?

누구 딴 사람한테 넘어갈라나? 법적으로 내 꺼 맞지, 엄마 돌아가시면?

(화제가 끊긴다. 차가 덜컹거릴 때마다 흔들리는 세 사람)

....어디 가는데?

(차 세우고 내려 어디론가 걸어가는 상현을 향해)

....어디 가는데? 해 떠!

138. 수도원 앞 (밤)

노숙하는 기적신봉자들. 상현, 여기저기 기웃거리다 텐트 하나를 골라 거리낌 없이 들어간다. 잠시 후 여자 비명 들린다. 사람들 잠 깬다, 호각 소리도 들린다. 우왕좌왕하던 사람들, 흔들흔들하는 텐트를 발견하고 모여든다. 확 걷어버린다. 아래 깔린 채 발버둥 치는 호각처녀의 옷은 마구 찢겼고, 위에 엎드린 상현의 알궁둥이가 달빛에 훤히 빛난다. 랜턴을 비추자 돌아보며 눈살을 찌푸리는 상현. 경악하는 사람들, 몰려들어 끌어낸다. 무지막지한 몰매가 쏟아진다. 사람들을 겨우 헤치고 나오는 상현, 무릎에 걸린 속옷과 바지를 올리면서 허둥지둥 달아난다. 돌팔매질하는 기적신봉자들, 우는 이도 많다. 찢기고 부은 얼굴로 달리는 상현, 빙그레 웃으며 손목시계를 본다.

139. 자동차 (밤)

묵묵히 운전하는 상현, 맞은 상처는 다 없어졌지만 관자놀이 언저리에 수포 두 개. 태주, 유심히 본다.

태주

아까 이블린 많이 마시지 않았어?

(대답 없자 확 짜증내며)

....왜 뭐든지 대답을 안 해?!

140. 강우네 거실 + 화장실 (밤)

부서진 집기들과 핏자국, 흐느끼는 소리. 코트에 덮인 이블린의 몸, 조용히 들썩인다. 조심스레 옷자락을 들더니 주위를 둘러본다. 혼자임을 확인하고 일어나 화장실로 간다. 욕조 위에 매달린 시체 3구를 보고 비명 지르며 뛰쳐나간다. 라여사 방으로 간 이블린, 화장대 거울을 보며 목에 묻은 피를 막 문질러 닦아낸다. 키스마크 같은 멍만 들었지, 뜯기거나 베인 상처는 없다. 안도하는 이블린.

141. 동해안 (새벽)

파르스름한 공기, 개활지에 선 차. 핸들에 가만히 엎드린 상현, 시동스위치를 내려다본다. 꽂힌 채로 키를 부러뜨리고 옆을 본다. 곤히 잠든 태주의 뺨을 쓰다듬고 내린다. 문 닫히는 소리에 깬 태주, 두리번거린다. 차창 밖 바다 저편에서 희미하게 동이 트려한다. 팔짱 끼고 서서 구경하는 상현의 뒷모습. 경악하는 태주, 차에서 내려 뛰어간다. 상현의 손을 붙잡아 당기는 태주, 상현이 버티려하자 월등한 힘으로 질질 끌고 간다. 조수석 문을 열어주고 재빨리 돌아와 운전석에 오르는 태주. 그러나 가만히 서서 차 탈 생각을 않는 상현. 시동을 걸려다 키가 부러졌다는 것을 발견하고 당황하는 태주, 뛰쳐나간다. 아무리 둘러봐도 눈 닿는 범위 안에 들어가 숨을 구조물이라고는 없다. 우왕좌왕 뛰어다니던 태주, 자동차 트렁크를 연다. 여행용 가방과 락앤락 용기들을 몽땅 내던진다. 어떤 것은 뚜껑이 열려 안에 든 피가 쏟아지기도 한다. 상현을 끌고 와 트렁크 안에 밀어 넣으려하는 태주. 상현이 또 저항하자 주먹으로 배를 강타하며 허리를 숙인 틈에 트렁크 안으로 밀어 넣어버린다. 따라 들어가 안에서 트렁크 문을 닫는 태주. 잠시 후, 상현의 발길질로 트렁크 뚜껑이 떨어져 나간다. 나오는 상현. 태주가 따라 내려 트렁크 뚜껑

119

을 들어올린다. 분노와 원망이 가득 찬 눈으로 상현을 보는 태주, 트렁크로 도로 들어가 뚜껑을 얹어놓는다. 뚜껑을 떼는 상현, 절벽으로 가지고 간다. 차에서 나와 덤벼드는 태주, 뚜껑 쟁탈전이 벌어진다. 태주가 탈환한다. 상현이 다시 뚜껑을 뺏으려 하면서 격렬한 싸움이 시작된다. 흠씬 얻어맞지만 악착같이 뚜껑을 빼앗는 상현, 막 뛰면서 투포환 식으로 빙글빙글 돌리다 바다에 던진다. 차로 가서 아까 꺼내놓은 짐 속에서 야전삽을 찾아낸 태주, 방언 같은 이상한 소리를 내며 미친 듯이 땅을 판다. 태주 옆을 지나 차 뒷좌석 문을 여는 상현. 태주, 땅을 파다 하늘을 보면 바야흐로 동이 트려 한다. 삽 던지고 차 아래 들어가 눕는 태주. 라여사에게 담요를 덮어주는 상현, 허벅지 위에 휴대전화를 놓고 라여사 오른손을 올려준다. 허리를 굽혀 차 밑을 본다, 태주와 눈이 마주치자 포기하라는 듯 고개를 저어 보인다. 운전석과 조수석의 머리 받침을 떼어내 라여사 시야를 확보해주는 상현, 스테레오를 켠다. 이난영이 [고향]을 부른다. 차 밑의 태주, 뭔가를 곰곰이 생각 중이다. 상현, 엔진 덮개 위에 올라가 앞유리에 기대앉는다. 태주, 슬그머니 나오더니 여행가방을 주워들고 와 상현 옆에 앉는다. 미간을 잔뜩 찌푸린 채 골똘히 생각에 잠겼다. 라여사, 해가 뜨려고 하는 동쪽 하늘과 상현, 태주를 번갈아 본다. 최초의 햇살이 수평선을 넘자 부르르 떠는 태주, 가방에서 상현의 낡은 구두를 꺼내 신고 웅크린다. 안아주는 상현, 체념한 듯 평온해진 태주 귀에 대고 나직이 말한다.

상현

....태주씨를 사랑했지만....
지옥에서 만나요.

태주
(꼭 끌어안으며 담담하게)
죽으면 끝.
그동안 즐거웠어요, 신부님.

서서히 장엄하고 위압적으로 떠오르는 해를 노려보는 상현의 눈동자, 모세혈관이 일제히 터지면서 안구를 붉게 물들인다. 피눈물이 흘러내린다. 상현의 상상적 시점으로, 환상적으로 변용된 일출 장면. 파랗게 타오르는 거대한 태양에서 칼날처럼 뾰족하게 사방으로 뻗치는 햇살, 현실에서는 볼 수 없는 기묘한 빛깔들로 이루어진 뭉게구름, 피로 이루어진 바다에서 고래들이 뿜어 올리는 피 분수, 날개 달린 거대 지네들이 무리지어 날아다니는 하늘, 수십 명의 인간이 각기 다른 멜로디로 부르는 합창. 환몽은 순식간에 사라지고, 차 꽁무니에서 본 모습 - 앞창으로 쏟아져 들어오는 햇빛. 라여사 뒤통수 너머로 역광을 받아 실루엣으로 보이는 상현과 태주. 고통스러운 비명을 지르면서 몸부림치는 태주를 꼭 끌어안는 상현. 차를 들썩이며 숯덩이가 되어가는 남녀, 깜빡거리지도 않고 이 소멸을 관찰하는 라여사의 싸늘한 눈동자. 그러거나 말거나 옛 노래는 무심히 흐른다.

이난영

정들은 고향 길에서 순정에 어린 그대와 나는
언제나 변치 말자고 손잡고 맹서했건만
그대는 그 어데로 갔는가, 잊지 못할 추억만 남기고
정들은 고향 길에는 구름만 흘러갔고나....

박쥐 각본

초판 1쇄 발행 2016년 12월 28일 **초판 5쇄 발행** 2023년 10월 19일

지은이 정서경 박찬욱 **펴낸이** 정상우
편집 이민정 **디자인** 공미경
관리 남영애 김명희

펴낸곳 그책
출판등록 2007년 11월 29일 (제13-237호)
주소 서울시 은평구 증산로 9길 32(03496)
전화번호 02-333-3705 **팩스** 02-333-3745
facebook.com/thatbook.kr
Instagram.com/that_book

ISBN 978-89-94040-99-8 03680

그책 은 (주)오픈하우스의 문학·예술 브랜드입니다.

이 도서의 국립중앙도서관 출판예정도서목록(CIP)은
서지정보유통지원시스템 홈페이지(http://seoji.nl.go.kr)와
국가자료공동목록시스템(http://www.nl.go.kr/kolisnet)에서
이용하실 수 있습니다. (CIP 제어번호: CIP2016030344)